Talking to My Daughter about the Economy

Yanis Varoufakis

父が娘に語る美しく、深く、壮大で、とんでもなくわかりやすい経済の話。

ヤニス・バルファキス＝著
関美和＝訳

ダイヤモンド社

Talking to My Daughter
About the Economy
by
YANIS VAROUFAKIS

プロローグ

経済学の解説書とは正反対の経済の本

この本を書きはじめたきっかけは、2013年にギリシャの出版社に頼まれた講演だった。この講演は、若い人たちに向けて経済について直接語りかけるいいチャンスだった。私は昔から、経済学者だけに経済をまかせておいてはいけないと思っていた。この本を書いた理由もそこにある。

橋をつくるとしたら、建築の専門家にまかせたほうがいい。手術を受けるとしたらもちろん、医師にまかせるべきだろう。アメリカ大統領が科学との戦いを宣言し、子どもたちが科学の授業を敬遠するいまの世の中で、科学の解説書はとても貴重だ。一般の人たちが広く科学を理解し、科学に対して敬意を払うことが、科学界を護《まも》る盾になる。またそれが専門家の育成にもつながるだろう。

しかし、この本はそのような類のものではない。

経済学を教える者として、若い人たちにわかる言葉で経済を説明できなければ教師として失格だとつねづね思ってきた。そしてもうひとつ、経済学を教える中でさらに強く感じてきたことがある。それは、「経済モデルが科学的になればなるほど、目の前にあるリアルな経済から離れていく」ということだ。

物理学や工学といった自然科学の世界では、理論が科学的に洗練されればされるほど、自然の働きがよりわかりやすく目の前にさらされていくものだ。しかし、経済学はどうも反対らしい。

そこでこの本は、経済学の解説書とは正反対のものにしたいと思った。もしうまく書けたら、読者の皆さんが経済を身近なものとして感じる助けになるだろう。それに、専門家であるはずの「経済学者」がなぜいつも間違ってしまうのかもわかるようになるはずだ。

誰もが経済についてしっかりと意見を言えることこそ、いい社会の必須条件であり、真の民主主義の前提条件だ。

景気の波は私たちの生活を左右する。市場の力が民主主義を脅《おびや》かすこともある。経済が私たちの魂の奥に入り込み、夢と希望を生みだしてくれることもある。専門家に経済をゆだねることは、自分にとって大切な判断をすべて他人にまかせてしまうことにほかならない。

目の前の混乱から離れて世界を見つめ直す

この本を書こうと思ったのには、もうひとつ理由がある。私は長いあいだ娘のクセニアと離れて暮らしてきた。娘はずっとオーストラリアで育ち、私はギリシャに住んでいるので、一緒に過ごす時間が少なく、たまに会えてもまたすぐ離れ離れになってしまう。これまで時間がなくて話せなかったことを娘に話すようなつもりで、この本を書いた。

この本の執筆は、楽しい作業だった。脚注も参考文献もつけず、学術論文の作法も気にせずに書いたのは、この本が最初で最後だ。

いつもの「まじめ」な本と違って、この本は母国語で書いた。故郷のエギナ島にある自宅で、サロニコス湾とペロポネソスの山々を遠くに眺めながら、筆の赴《おもむ》くままにまかせた。あらかじめ決められた目次も手引きも計画もなかった。たまに泳いだり、ボートに乗ったり、パートナーのダナエと出かけたりしながら、9日間でこの本を書き上げた。

この本がギリシャで出版されてから1年後、私の生活は一変した。ギリシャ危機をきっかけにユーロ危機が起き、とんでもない大混乱の中に放り込まれたのだ。私はギリシャの財務大臣として、国民と国際機関の板挟みになった。だが、その経験のおかげで、この本も注目を集めて多くの言語に翻訳され、フランスやドイツ、スペインなどでベストセラーになった。主要言語の中で、まだ翻訳されていないのは英語だけだった。

そしてやっとジェイコブ・モーとペンギン・ランダムハウスの優秀な皆さんのおかげで、英語版〔日本版の底本〕が出版されることになった。

2015年のギリシャ危機での困難な体験を描いた『黒い匣《はこ》』（明石書店）の執筆には、ほとほと手を焼いた。その大変な難産のすぐあとで、この本を英語に書き直す作業を行うことで、私は癒《いや》された。

沈みゆく経済の渦に囚われてもがいた経験から逃避できる場所が、この英語版の執筆だった。この本のおかげで、私は昔の自分に戻れたような気がした。昔の私は、マスコミの攻撃にさらされることなく平穏に執筆を行っていた。自分自身に問いかけながら、頭の中にある本当の考えを掘り起こす静かな時間は、私にとって何よりも貴重だった。

資本主義を解き明かす

いま、私たちは日替わりのニュースについて意見を交わすのに忙しく、本当に見るべきものが見えなくなっている。

私たちが真剣に考えなくてはいけないのは、資本主義についてだ。

2017年7月に、私はやはり故郷のエギナ島で、同じ海と山を眺めながら、この英語版の執筆を行った。娘にはブレグジット、グレグジット〔ギリシャのユーロ圏離脱〕、トランプ、ギリシャ危機、ユーロ危機といった話題ではなく、資本主義について語りたかった。私たちの人生を支配している資本主義という怪物とうまく共存することができなければ、結局は何もかも意味をなさなくなってしまうのだから。

しかし、私はこの本の中で「資本」や「資本主義」という言葉を使わなかった。この言葉が悪いというわけではない。ただ、この言葉につきまとうイメージのせいで、本質が見えなくなってしまうと思ったのだ。

そこで「資本主義」のかわりに、「市場社会」という言葉を使うことにした。「資本」という言葉は、「機械」や「生産手段」と言い換えた。専門用語は使わないにこしたことはない。

影響を受けたものや出典については、告白しなければならない。ここには、私が198
0年代のはじめごろから意識的、または無意識的に集めたり借りたり略奪してきたアイデ
アや言葉や理論や物語が詰まっている。私は自分の考えを磨くため、また講義で学生や聴
衆の心に響くような話をするために、ありとあらゆるアイデアを頭に入れてきた。本書は
そんなさまざまな影響のもとに一気に書き上げた。そのすべてを示すことはできないが、
いくつか思い出せるものを挙げておこう。

文学作品のタイトルの多くは本文の中で紹介した。SF映画のタイトルも本文中に挙げ
ている。SF映画は私にとって現在を理解するのに欠かせないものだ。そのほかに、4冊
の本を挙げておきたい。

まずは、ジャレド・ダイアモンドの『銃・病原菌・鉄』（草思社文庫）。格差の拡大から
人種差別的な固定観念までを取り上げた第1章の話を裏付けてくれるのがこの本だ。次
に、リチャード・ティトマスの『贈与関係』（未邦訳）。これはカール・ポランニーが『大
転換』（東洋経済新報社）で行った議論をもとに血液市場を取り上げたものだ。もう1冊は
ロバート・ハイルブローナーの名著『入門　経済思想史——世俗の思想家たち』（ちくま学

芸文庫)。そして、マーガレット・アトウッドの『負債と報い――豊かさの影』(岩波書店)。この本は負債について書かれた本の中で最高の1冊として、自信を持ってお薦めできる。

この4作品以外に、私が影響を受けた人物と思想をここに記しておこう。カール・マルクスの亡霊。古代アテネ人が書いたギリシャ悲劇。ジョン・メイナード・ケインズによる「合成の誤謬《ごびゅう》」の解説。そしてベルトルト・ブレヒトの皮肉と洞察。彼らの物語と理論と執着は、私の頭の中に住み着いて離れない。この本の内容にも、その影響が表れていると思う。

父が娘に語る
美しく、深く、壮大で、
とんでもなくわかりやすい
経済の話。

——目次

プロローグ
経済学の解説書とは正反対の経済の本

第1章
なぜ、こんなに「格差」があるのか？
——答えは1万年以上前にさかのぼる

第2章 市場社会の誕生
——いくらで売れるか、それがすべて

第3章 「利益」と「借金」のウエディングマーチ——すべての富が借金から生まれる世界

第4章　「金融」の黒魔術
──こうしてお金は生まれては消える

第5章 世にも奇妙な「労働力」と「マネー」の世界
——悪魔が潜むふたつの市場

第6章 恐るべき「機械」の呪い

——自動化するほど苦しくなる矛盾

第7章

誰にも管理されない「新しいお金」

——収容所のタバコとビットコインのファンタジー

第8章 人は地球の「ウイルス」か？
——宿主を破壊する市場のシステム

エピローグ
進む方向を見つける「思考実験」

※本文中の〔　〕は訳注を表す。

第1章

なぜ、こんなに「格差」があるのか？

――答えは1万年以上前にさかのぼる

赤ちゃんはみんな裸で生まれてくる。でも、高級ブティックで買った素敵な肌着を着せてもらえる赤ちゃんがいる一方で、多くの赤ちゃんはボロを着せられる。

少し大きくなると、親戚や名付け親がいやになるほど洋服をプレゼントしてくれて、うんざりする子どももいる。金持ちの子は、「本当は別のものが欲しかったのに」なんて思ってしまう。たとえば最新のｉＰｈｏｎｅとか。でも一方で、穴の開いていない靴を履いて学校に行ける日がくるのを夢見ている子どもたちもいる。

そんな格差が存在するのが、いまの世界だ。

君は小さなころから、世界には格差があることに気づいていたようだ。でも、毎日の生活で格差を体験することはないだろう。世界には貧困や暴力に苦しんでいる子どもたちのほうが多いけれど、君の通っている学校の生徒たちは、貧困や暴力とは無縁なのだから。

このあいだ、君はこう聞いたね。

「パパ、どうして世の中にはこんなに格差があるの？　人間ってばかなの？」

そして、君は私の答えに納得しなかった。じつは、私もこのときに話した答えに納得していなかった。だからもう一度答えさせてほしい。

今回は問いを少しひねってみよう。

なぜ、アボリジニがイギリスを侵略しなかったのか？

君はシドニーで生まれ育ったので、アボリジニのことは学校でたくさん教わってきたはずだ。オーストラリアの「白人」が、先住民のアボリジニに非道な行いをしたこと。ヨーロッパからきた侵略者が、２００年ものあいだアボリジニの素晴らしい文化を踏みにじってきたこと。長きにわたって暴力と略奪と屈辱にさらされてきたせいで、アボリジニがいまもありえないほどの貧困の中で暮らしていること。そうしたことを、先生が延々と教えてくれたと思う。

でもこう考えたことはあるだろうか？

「どうしてオーストラリアを侵略したのはイギリス人だったのか？」って。

アボリジニの土地を略奪し、先住民を排除したのはイギリス人だが、「どうして逆じゃなかったんだろう？」って考えてみたことはないだろうか？

アボリジニの兵士がドーバーに上陸し、またたく間にロンドンに進軍して、女王と抵抗するイギリス人を皆殺しにしなかったのはなぜだろう？

学校の先生は、そんな話はしなかったはずだ。

でも、これは大切な問いだ。よく考えて答えてほしい。

注意深く考えなければ、ヨーロッパ人は賢くて力があったから（まさに当時の侵略者たちの考え方だ）とか、アボリジニはいい人たちだったから残忍な侵略者にならなかった、なんて答えをうっかり受け入れてしまうかもしれない。

だがこのふたつは、どちらも同じ考え方だ。「なぜ」も「どのようにして」もなく、ただヨーロッパの白人とアボリジニは本質的に違うと言っているだけで答えになっていない。言うまでもなく、アボリジニやその他の人々への非道な犯罪行為を正当化することにもならない。

歴史の中で迫害された人たちのことを、賢くないから犠牲になったのだと少しでも思いそうになったら、そんな考えは捨てたほうがいい。

ここで最初の「なぜ、世の中にはこんなに格差があるのか」という疑問は次の、もっと意地悪な疑問につながることになる。

「たんに世の中には優れた人たちがいて、賢いからほかの人たちより力を持っていろいろなことができるということでは？」

シドニーでは街を歩いていても、君がタイに行ったときあちこちで目にした、とても貧しそうな人は見かけない。これはやはりそういう理由だと思うだろうか？

かつて、市場はあっても経済はなかった

豊かな西洋で育った君は、大人たちがこんなふうに話すのを聞いたことがあるはずだ。「貧しい国は経済が弱いから貧しいんだ」と。

君が住んでいる地域にも貧しい人はいる。その人たちはほかの人が欲しがるものを売っていないから貧しいんだと言う人もいる。要するに、貧しいのは、その人たちが市場が何

を求めているかをわかっていないからだと。

私が君に経済について語ろうと思った理由はそこにある。

「なぜ、世界には貧しい人がいる一方で、途方もない金持ちがいるのか」ということも、「なぜ、人間は地球を破壊してしまうのか」ということも、すべては経済にまつわることが理由だ。

その経済と関係があるのが市場だ。だから、経済とか市場という言葉を聞くたびに、そういう話はいいやと耳をふさいでいては、未来について何も語ることはできない。

まずは、たくさんの人が間違ってしまうことから教えよう。市場と経済は同じものだと思っている人は多い。だがそれは違う。

では、市場とは何だろう?

市場は交換の場所だ。スーパーに行くと、みんなカート一杯にものを詰め込んで、それとおカネを交換する。スーパーの持ち主や従業員は、そのおカネを自分たちの欲しいものに交換する。

おカネが発明される前はものとものを交換していた。たとえばバナナとリンゴを取り換えていた。いまはインターネットの発展につれて、市場は物理的な場所ですらなくなっている。iTunesでアプリをダウンロードしたり、アマゾンで古いレコードを手に入れたりできる。

市場は大昔からあった。われわれの祖先が木の上に住んでいた時代から、食べ物を育てる技術が発達する前から、市場は存在していた。誰かが大昔にバナナと別の果物を交換しようと言い出したときに、市場の取引らしきものが生まれた。だが、これだけでは本物の経済とは言えない。

経済がこの世に存在するには、別の何かが必要だった。バナナを取ったり、獲物を仕留める以上の技術がなければ、経済は生まれなかった。たとえば、畑を耕して作物を育てたり、自分たちの手でこれまでにない道具をつくったりする技術が必要だった。

「言語」と「余剰」の二度の大きな飛躍
——このとき、経済が生まれた

8万2000年ほど前、人類ははじめて大きく飛躍した。人間はただのうなり声ではなく、言葉を発するようになった。

それから7万年後（いまから1万2000年前）、人類は2度目の大きな飛躍を遂げた。今度は土地を耕すことに成功した。うなり声のかわりに言葉を使い、木の実を口に入れるかわりに作物を収穫できるようになった。

そこではじめて、いまのわれわれが「経済」と呼んでいるものが生まれた。

人類が農耕を「発明」したことは、本当に歴史的な事件だった。1万2000年経ったいま、振り返ってみるとその大切さがよくわかる。それは、人類が自然の恵みだけに頼らずに生きていけるようになった瞬間だった。

大昔の人たちは大変な苦労をして、作物を育てる方法を見つけた。だからといって、それが当時の人にとって幸せな瞬間だったと言えるだろうか？　とんでもない！　われわれの祖先が土地を耕すようになったのは、みんなが飢えて死にそうになっていたからだ。周囲の獲物を狩り尽くして、人の数も爆発的に増えてくると、食べ物が足りなくなった。生き延びるためには、土地を耕すしかなかった。

技術革命のきっかけはいつもそうだが、農耕も、人類がはじめようと思ってはじめたことではなかった。土地を耕す必要のない場所では、誰も農耕なんて考えなかった。たとえば、自然の恵みが豊かなオーストラリアでは、畑を耕したりしなかった。

土地を耕さなければ生きていけない場所でだけ、農耕が発達した。そのうちに試行錯誤を経て、より効率のいい農耕の技術が生まれてきた。人間が農耕の手段を開発していく過程で、社会は劇的に変わっていった。農作物の生産によって、はじめて本物の経済の基本になる要素が生まれた。それが「余剰」だ。

余剰とは何だろう？　最初は単純な意味だった。自分たちの食べる分と翌年の収穫のために植える種以外の余った作物が余剰だった。余剰は将来への備えになるものだ。たとえば、嵐で作物が収穫できなかった場合に備えて小麦を溜めておいたり、翌年いつもより余分に種を植えるために作物を取っておいたりした。そうやって、昔の人は余剰を増やしていった。

ここで、注目してほしいことがふたつある。

まず、狩りや漁や、自然の木の実や野菜の収穫は余剰を生み出さないということ。狩人や漁師がどんなに達人でも、余剰は生まれない。とうもろこしや米や麦のような保存できる穀物と違って、うさぎや魚やバナナはすぐに腐ってしまうからだ。

次に、農作物の余剰が、人類を永遠に変えるような、偉大な制度を生み出したということ。それが、文字、債務《さいむ》、通貨、国家、官僚制、軍隊、宗教といったものだ。テクノロジーも、最初の生物化学兵器を使った戦争もまた、もとをたどると余剰から生まれている。

では、それらを一つひとつ見ていこう。

文字
——それは余剰を記録するためのものだった

考古学者によると、世界最古の文字はメソポタミアで誕生したらしい。メソポタミアはいまのイラクとシリアのあたりだ。では、文字を使って何を記録したのだろう？　農民がそれぞれ共有倉庫に預けた穀物の量を記録していたのだ。

倉庫の共有は、とても理にかなっている。農民が一人ひとり倉庫を建てて穀物を貯蔵しておくなんて面倒だし、みんなで同じ倉庫を使って、番人に見張ってもらうほうがずっと楽だ。

でも、そうなると預かり証のようなものが必要になる。たとえば、「ナバックさんは100ポンドの穀物を預けた」と証明するものが要るはずだ。

文字が生まれたのは、そんな記録を残すためだった。記録があれば、それぞれの農民が何をどれだけ共有倉庫に預けたかを証明できる。

だから、農耕が発達しなかった社会では、文字は生まれなかった。木の実も果物も肉も魚も十分にあったオーストラリアのアボリジニや、南アフリカの先住民の社会で、音楽や絵画は発達したけれど文字が生まれなかったのはそのせいだ。

債務、通貨、国家
——「仮想通貨」は1万年以上前から存在している

「ナバックさんがどれだけ小麦を預けたか」を記録するようになったことが、債務（借金）と通貨のはじまりだ。古文書によると、多くの労働者への支払いに貝殻《かいがら》が使われていたようだ。畑で働いた労働時間を穀物の量に換算し、主人がその数字を貝殻に刻んで労働者に渡していた。貝殻に刻まれた穀物の量は、まだ収穫されていないので、それはある意味で主人が労働者に返すべき借金のようなものだった。

また、その貝殻は通貨としても使えた。労働者はほかの人がつくった作物と、その貝殻を交換することができた。

硬貨が最初にどう生まれたかという話はとても面白い。取引に使うために硬貨が生まれたと思っている人は多いが、そうではない。

少なくともメソポタミアでは、農民がどれだけ支払いを受けられるかを記録するために、実際にはありもしない仮想の硬貨の量を書き入れていた。たとえば、台帳には「ナバックさんは硬貨3個分の穀物を受け取った」などと記録された。だが実際に硬貨がつくられたのは、それよりもずっとあとになってからだ。するとこの「硬貨」は取引をうながすための想像上の通貨だ。つまり、仮想通貨みたいなものだ。

だから、いまは昔と違ってデジタル技術のおかげで仮想通貨の支払いが可能になったと言う人がいたら、それは嘘だと教えてあげるといい。仮想通貨は経済が生まれたときからずっと存在した。1万2000年前に農業革命が起きて最初の余剰が生まれたときからずっと。

じつのところ、金属の硬貨がつくられてからも、硬貨は重すぎて持ち歩けなかった。そこで、ナバックさんが受け取れる作物の価値は、鉄の重さに置き換えて表されていた。いずれにしろ、ナバックさんはポケットに硬貨を入れて持ち運ぶことはなかった。ナバックさんが持ち歩いていたのは、ただの借用証書だった。それは、穀物の重さが刻まれた貝殻だったり、鉄の重さが記録された何かだった。大きな鉄の塊りを持ち歩くことはできなかったからだ。

こうした借用証書にも、仮想通貨にも共通することがある。どちらも、使ってもらうには、あるものがたくさん必要になる。そのあるものとは「信用」だ。

ナバックさんは、穀物が収穫されたら、倉庫の番人が自分の受け取るべき穀物を渡してくれると信じていなければならない。というか、信じていたはずだ。ナバックさんの貝殻と、石油や塩や建築資材を交換してくれた人たちもきっと、その貝殻を信じていたに違いない。これが「クレジット」という言葉の語源だ――もともとは「信じる」という意味の、ラテン語の「クレーデレ」という言葉からきている。

みんなが貝殻（通貨）を信用して、貝殻に価値を認めるようになるには、とても力のある誰かや何かが支払いを保証してくれることを、全員が認識していなければならなかった。たとえば昔なら神託を受けた支配者や、高貴な血筋の王様や、そのあとになると国家や政府が保証してくれることが必要だった。

たとえ支配者が死んだとしても、ナバックさんが将来かならず約束の穀物を受け取れるような、信頼できる権威の裏付けが必要だった。

官僚、軍隊、宗教
――支配者が支配し続けるために必要なもの

債務と通貨と信用と国家は固く絡み合っている。債務がなかったら、農作物の余剰を簡単に管理できなくなる。債務が生まれたおかげで、通貨が流通するようになった。しかし、通貨が価値を持つためには、何らかの制度や組織、たとえば国家が、通貨を信頼できるものにする必要があった。

経済について語るとはつまり、余剰によって社会に生まれる、債務と通貨と信用と国家の複雑な関係について語ることだ。

この複雑な関係をひもといていくと、余剰がなければ国家はそもそも存在しなかったことがはっきりとわかってくる。

国家には、国の運営を支える官僚や、支配者と所有権を守ってくれる警官が必要になる。支配者は贅沢《ぜいたく》な暮らしをしていたし、守るものも多かった。だが、よほど大量の余剰作物がなければ、大勢の官僚や警官を養っていくことはできない。軍隊も維持できない。軍隊がなければ、支配者の権力や、ひいては国力が維持できない。国力が維持できなければ、外敵が余剰作物を狙って攻めてくるかもしれない。

だから、官僚と軍隊が存在できたのは余剰のおかげであり、余剰があるから官僚と軍隊が必要になったとも言える。聖職者もそうだ。「え、神父さんや牧師さんが余剰に関係あるの？」と思うかもしれない。それが、関係があるのだ。宗教が生まれたのも、もとはといえば余剰ができたからだ。

なぜそうなのか、これから見ていこう。

農耕社会が土台になった国家ではいずれも、余剰の配分がとんでもなく偏《かたよ》っていた。政治家や軍隊や社会的な地位の高い人たちが、あり得ないほどたくさんの分け前にあずかっていた。

しかし、支配者にいくら力があっても、ものすごい数の貧しい農民が集まって反乱でも起こしたら、すぐに転覆するのは目に見えている。

では、支配者たちはどうやって、自分たちのいいように余剰を手に入れながら、庶民に反乱を起こさせずに、権力を維持していたのだろう?

「支配者だけが国を支配する権利を持っている」と、庶民に固く信じさせればいい。自分たちが生きている世界こそが最高なのだという考えを植えつければいい。すべてが運命によって決まっているのだと思わせればいい。庶民の暮らしは、天からの授かりものだと信じさせればいい。天からの授かりものに異を唱えたら、この世がとんでもない混乱に陥《おちい》ってしまうと思わせればいい。

支配者を正当化する思想がなければ、国家の権力は維持できなかった。支配者が死んでも国家が存続し続けられるような、国家権力を支えるなんらかの制度化された思想が必要だった。そして、思想を制度にするような儀式を執り行ったのが、聖職者だ。

大量の余剰がなければ、複雑な階層からなる宗教組織は生まれていなかった。というのも、「神様に仕える」人たちは、何も生み出さないからだ。

その時代は、余剰が全員に行きわたるほど多くはなかったので、食べ物をほんの少ししかもらえない庶民がいつ反乱を起こしてもおかしくなかった。宗教の裏付けがなければ、支配者の権威は安定しなかった。だから、何千年にもわたって、国家と宗教は一体となってきたのだ。

テクノロジーと生物兵器
――先住民を一瞬で殺したもの

人間はとても賢く、農耕が生まれる以前からテクノロジーの革命を起こしてきた。火を発明し、鉱石から金属を抽出し、ブーメランのような道具まで生み出してきた。

しかし、新しいテクノロジーが次々と発明されるようになったのは農耕がきっかけだった。畑を耕す道具や、灌漑《かんがい》設備が必要になったからだ。また、農耕が生んだ余剰によってひと握りの権力者に力が集中していたからこそ、数々の発明が可能になった。農耕のために発明されたテクノロジーが建設に使われるようになり、壮大なピラミッドやパルテノン神殿やインカの寺院がつくられた。もちろん、建築を支えたのは無数の奴隷だった。

一方で、余剰のせいで恐ろしい細菌やウイルスも生まれた。

大量の穀物が積み上げられた共有倉庫は街中にあり、人や動物に囲まれていた。街にはまだ衛生設備などなかったため、人や動物を通して細菌やウイルスが繁殖し、種から種へと感染した。

人間の身体がまだそうした細菌やウイルスに慣れていなかった時代には、たくさんの人が亡くなった。それでも、何世代ものあいだにゆっくりと耐性ができ、人間はコレラやチフスやインフルエンザにも慣れていった。

もちろん、農耕の発達していない地域の種族は細菌やウイルスへの耐性ができていなかったため、外からやってきた人と握手しただけで病気になり、村人がバタバタと死ぬようなこともあった。

じつは、オーストラリアでもアメリカでも、先住民は侵略者から殺されるよりも、ウイルスに感染して死ぬほうが多かった。侵略者がわざとウイルスを武器がわりに使うケースさえあった。毛布に天然痘《てんねんとう》のウイルスをすり込んでアメリカ先住民にプレゼントし、その地域を根絶やしにしたこともあったのだ。

では、最初の質問に戻ろう
——なぜ、アボリジニがイギリスを侵略しなかったのか？

ここでそろそろ最初の質問に戻ってみよう。

オーストラリアを侵略したのはイギリス人だが、どうして逆じゃなかったのだろう？　もう少し大きく捉えて、帝国主義の超大国がユーラシア大陸に集中していたのはなぜだろう？　アフリカやオーストラリアで、そんな国がひとつとして生まれなかったのはどうしてだろう？　遺伝子の問題？　そんなはずはない。答えはさっきからずっと言っていることだ。

すべては「余剰」から始まったと言った。農作物の余剰によって、文字が生まれ、債務と通貨と国家が生まれた。それらによる経済からテクノロジーと軍隊が生まれた。

つまり、ユーラシア大陸の土地と気候が農耕と余剰を生み出し、余剰がその他のさまざまなものを生み出し、国家の支配者が軍隊を持ち、武器を装備できるようになった。そのうえ、侵略者は自分たちの呼吸や身体をとおしてウイルスや細菌も兵器として使うことができた。

だが、オーストラリアのような場所では、余剰は生まれなかった。まず、オーストラリアでは自然の食べ物に事欠くことがなかったからだ。300万人から400万人がヨーロッパ並みの広さの国土に自然と共生し、人々は土地の恵みを独り占めできた。だから農耕技術を発明しなくても生きていけたし、余剰を貯め込む必要もなかった。テクノロジーがなくても豊かな暮らしができたのだ。

アボリジニが詩や音楽や神話といったすばらしい文化を発達させたことは知っているだろう。彼らの文化は他人を攻撃するためのものではなかった。だからいくら文化が発達していても、農耕社会の経済がもたらす軍隊や武器や細菌から自分たちを守ることはできなかった。

逆に、気候に恵まれないイギリスでは、大量に作物の余剰を貯めないと、生きていけなかった。航海技術や生物兵器も、余剰から生み出された。そうやって、はるばるオーストラリアまでたどりついたイギリス人に、アボリジニがかなうはずがなかった。

なぜ、アフリカから強国が出てこなかったのか？

「それなら、アフリカはどうなの？」と聞きたくなるのはわかる。

「アフリカの中で、ヨーロッパを脅《おびや》かすほどの力を持つ国が出てこなかったのは、どうして？ 奴隷貿易はなぜあんなに一方通行だったの？ それって、ヨーロッパ人がアフリカ人より賢いからじゃない？」

そうではない。世界地図を見てみよう。アフリカとヨーロッパの形を比べてみるといい。アフリカが南北に長いことがわかる。北は地中海から赤道を通ってさらに、南半球の温帯地域にまで広がっている。次はユーラシア大陸に目を移そう。ユーラシア大陸はアフリカの逆で、西は大西洋から、東は太平洋岸の中国やベトナムに届いている。

では、そのことにどんな意味があるのだろう？

ユーラシア大陸を太平洋岸から大西洋岸まで旅しても気候はあまり変わらない。しかし、アフリカ大陸で南のヨハネスブルクから北のアレキサンドリアまで旅すると、いろいろな気候帯を通過する。熱帯のジャングルやサハラ砂漠といった極端な気候もある。

アフリカの一部で農耕経済を発展させた社会があっても（たとえばいまのジンバブエがそうだ）、その仕組みは広がらなかった。赤道を隔てて南北に長いアフリカ大陸では、北部では栽培できる作物も南部では育たない。もちろん、サハラ砂漠ではどんな作物も育たなかった。

一方、ユーラシア大陸では誰かが農耕技術を発明したとたん、それが西と東にあっという間に広がった。穀物（とくに小麦）はどこでも育ったので、リスボンから上海まで同じような小麦畑が広がっていった。侵略も盛んだった。ひとつの農耕民族がほかの民族の余剰を略奪し、自分たちの技術を別の場所でも生かすことができた。そうやってユーラシア大陸では巨大な帝国が築かれた。

地域内格差
——金持ちは100万ドルを簡単に稼げる

だから、アフリカとオーストラリアと南北アメリカがヨーロッパ人の植民地になったのは、もとをたどると地理的な環境が理由だった。DNAや、性格や、知性とは何の関係もない。大陸の形と場所がすべてを決めたとも言える。

しかし、地理では説明できない格差もある。地域内や国内の格差だ。このタイプの格差を理解するには、また経済について話さなくてはならない。

農作物の余剰が国家と宗教を生み出したことはさっき話した。余剰を蓄積するには、権力の集中が必要で、権力が集中するとさらに余剰が蓄積され、富が支配者に偏っていった。それが「寡頭制《かとうせい》」だ。「寡頭制」という言葉は、もともとはギリシャ語の「少数の」

と「支配する」という言葉を組み合わせたものだ。

この体制がなぜ延々と続いていくかは想像できるはずだ。蓄積した余剰を独り占めできる支配階級が、さらに経済や政治の権力を持ち、文化的にも力を持つようになる。その力を使ってさらに大きな余剰を独り占めするようになる。

ビジネスマンに聞けばわかると思うが、数百万ドルがすでに手元にあれば、さらに100万ドルを稼ぐのは比較的簡単だ。しかし何も持たない人にとって、100万ドルなんて手の届かない夢だろう。

そんなわけで、格差はふたつの形で拡大していった。

ひとつは、グローバルな格差だ。これによって、一部の国は20世紀や21世紀になっても極度の貧困に苦しみ続け、一部の国はありあまるほどの力と富を享受している。そして豊かな国は、しばしば、より貧しい国から奪い続けることによってその地位を安泰にしている。

もうひとつは、それぞれの社会の中での格差だ。貧しい国でもひと握りの金持ちは、豊かな国の金持ちよりも金持ちということすらある。

ここまで話してきたように、どちらの格差も、もとをただせば経済的な余剰に行きつく。その余剰は、農耕という人類最初のテクノロジー革命から生まれたものだった。第2章では、その次のテクノロジー革命を取り上げて、格差の話を続けよう。この革命は蒸気機関やコンピュータといった機械をもたらし、それまでにないほどのものすごい格差を持つ社会を生み出した。つまり、君が育ってきたいまの社会だ。

でも、そのことを話す前にひと言、君を励ます言葉を贈りたい。

「当たり前」に疑問を持ち続ける
——格差はどこからはじまった?

先ほど聖職者とその役割について話したときに、支配者が余剰を独り占めしても許されるような考え方が植えつけられたと言った。金持ちも貧乏人も、そんな考え方を当たり前だと思うようになってしまっている。

金持ちは、自分がカネを持つに値する人間だと思い込んでしまう。君自身も、気づかないうちに矛盾した思い込みに囚われているはずだ。

お腹を空かせて泣きながら眠りにつく子どもたちがいることに、君は怒っていた。だけどその一方で、(子どもはみんなそうだが)君自身はおもちゃや洋服やおうちを持っているのを当たり前だと思っているはずだ。

人間は、自分が何かを持っていると、それを当然の権利だと思ってしまう。何も持たない人を見ると、同情してそんな状況に怒りを感じるけれど、自分たちの豊かさが、彼らから何かを奪った結果かもしれないとは思わない。

貧しい人がいる一方で、金持ちや権力者（といってもだいたい同じ人たち）が、自分たちがもっと豊かになるのは当然だし必要なことだと信じ込むのは、そんな心理が働くからだ。

しかし、金持ちを責めても仕方がない。人は誰でも、自分に都合のいいことを、当たり前で正しいと思ってしまうものだ。

それでも、君には格差が当たり前だとは思ってほしくない。

いま、十代の君は格差があることに腹を立てている。もし、ひどい格差があっても仕方ないとあきらめてしまいそうになったら、思い出してほしい。どこから格差がはじまったのかということを。

赤ちゃんはみんな裸で生まれてくる。高価なベビー服を着せられる赤ちゃんがいる一方で、お腹を空かせ、すべてを奪われ、惨めに生きるしかない赤ちゃんもいる。それは赤ちゃんのせいではなく、社会のせいだ。

君には、いまの怒りをそのまま持ち続けてほしい。でも賢く、戦略的に怒り続けてほしい。そして、機が熟したらそのときに、必要な行動をとってほしい。この世界を本当に公正で理にかなった、あるべき姿にするために。

第2章

「市場社会」の誕生

――いくらで売れるか、それがすべて

エギナ島に陽が落ちようとしている。夏の夕方だった。私は君とベランダに座って、海の向こうのペロポネソス山脈に赤い夕陽が沈んでゆくのを眺めていた。私が子どものころ、父がよく話していたように、私も君に、沈む夕日はなぜ赤いのかを科学的に説明しはじめた。せっかくの素敵なひと時が台無しだ。

その晩、友人夫婦とその幼い息子のパリスを誘って、マラソナス・ビーチにあるお気に入りのレストランまでボートで向かった。食べ物を注文していると、パリスがみんなを笑わせはじめた。パリスはノリノリではしゃぎ、私たちを大いに笑わせてくれた。いつもはむっつりしている友人もつい笑ってしまうほど、楽しい晩だった。

食べ物がくる前に、コスタス船長が、頼みがあると言いにきた。

コスタス船長は、レストランの裏にある船着き場の私たちのボートの横に、自分の漁船を停めていた。船の錨《いかり》が海底の岩に挟まってしまい、引き上げようとしたら鎖が切れてしまったという。

「お願いできないかな？　ダイビングは好きだよね？　ひとつ潜って、この縄を錨の鎖に結んでもらえないかい？　できれば自分でやりたいところだけど、今日は持病のリューマチが痛んじゃって」と君は頼まれた。

「いいよ」人助けのチャンスだと思って、君は喜んで海に飛び込んだ。

夏の夕暮れ。私をうっとうしく思っている君。はしゃぎ回るパリス。コスタス船長に頼まれて飛び込んだ海。素敵な夏のひと時だ。心が満たされる。嫌なことも忘れてしまう。たとえば、友だちが傷ついたり、退屈な宿題をしなくちゃならなかったり、孤独を感じたり、将来に不安を持ったり、そんなときとは正反対の気分になった。

こんなふうに心が満たされるのは、「いいこと（グッド）」だ。しかし、経済学でも「グッズ」という言葉を使う。店の棚に並んでいる品物や、アマゾンで売っているものや、テレビでしょっちゅう宣伝しているものも「グッズ」と呼ばれる。同じ言葉だが、意味はまったく違う。後者はむしろ「商品（コモディティ）」と呼ぶべきものだ。では、「グッズ」と「商品」はどう違うんだろう？

「高ければ高いほど売りたくなる」わけではない

エギナ島の夕暮れ。パリスがはしゃぎ、君は海に飛び込む。そんな経験はおカネでは買えない。一方、「商品」は売るためにつくられたものだ。

君が気づいているかどうかわからないが、グッズについてほとんどの人は勘違いしている。値段が高いほうがいいものだと思っている人は多い。しかも、支払ってもらえる金額が多ければ多いほど、人はそれを売りたくなるはずだと思い込んでいる人も多い。

だが、そうではない。

たしかに商品の場合はそうだ。消費者が高額でもｉＰａｄを手に入れたいと思えば、アップルはもっとｉＰａｄを生産する。レストランも同じで、値段が高くてもみんなが地元の名物料理を注文したがったら、レストランはその料理を目いっぱいつくろうとするだろう。

でもパリスのお笑いは違う。おカネを払うからもっと面白いことを言ってくれとパリスに頼んだら、パリスは変に緊張してしまうに違いない。おカネをもらえると考えたとたん、面白いことが言えなくなってしまうかもしれない。

コスタス船長の一件を考えてみよう。もし、おカネを払うから海に潜ってくれと頼まれていたら、喜んで潜っただろうか？　海に飛び込むことを楽しめただろうか？

おカネを払うと言われたら、人助けの喜びや冒険のワクワク感がなくなってしまう。ちょっとばかりおカネをもらっても、失われたワクワク感の埋め合わせにはならない。

ふたつの価値
——経済学者はすべてを「値段」で測る

パリスが将来プロのコメディアンになったり、君がプロのダイバーだったら話は別だ。パリスのお笑いも君のダイビングも「商品」になる。

商品とは、いくらかの金額で「売る」ものだ。それが商品であるなら、お笑いにもダイビングにも市場価格がつく。市場価格とは「交換価値」を反映したものだ。つまり、市場で何かを交換するときの価値を示しているのが市場価格だ。

だが、売り物でない場合、お笑いにもダイビングにも、まったく別の種類の価値がある。「経験価値」と呼んでもいい。海に飛び込み、夕日を眺め、笑い合う。どれも経験として大きな価値がある。そんな経験はほかの何ものにも代えられない。

経験価値と交換価値は、対極にある。それなのに、いまどきはどんなものも「商品」だと思われているし、すべてのものに値段がつくと思われている。世の中のすべてのものが交換価値で測れると思われているのだ。

値段のつかないものや、売り物でないものは価値がないと思われ、逆に値段のつくものは人の欲しがるものだとされる。

だがそれは勘違いだ。いい例が血液市場だろう。多くの国では、人々は無償で献血している。誰かの命を救いたいという善意から、献血するのだ。では、献血におカネを支払ったらどうなる？

答えはもうわかるだろう。献血が有償の国では、無償の国よりもはるかに血液が集まりにくい。おカネにつられる献血者は少なく、逆におカネを支払うと善意の献血者はあまり来なくなる。

グッズと商品の違いがわからない人は、どうしておカネを支払うと献血者が減るのかを理解できない。おカネを受け取りたくないから献血しない人がいることが、わからないのだ。

でもここで、コスタス船長の一件を思い出すと、わかりやすくなる。夜の海に飛び込んでくれと船長に頼まれて、君は彼を助けたいという気持ちから、面倒だったが服を脱ぎ、暗くて冷たい海に飛び込んだ。もし「5ユーロ出すから海に飛び込んでくれ」と頼まれていたら、やらなかっただろう。

献血も同じだ。献血者は人助けと思って献血する。だがそれに値段がつくと、人助けでなく商売になってしまう。ちょっとばかりおカネをもらっても、気持ちの埋め合わせにはならない。もちろん、時間もかかるし注射針は痛い。

「皮肉屋とは、すべてのものの値段を知っているが、どんなものの価値も知らない人間」だとオスカー・ワイルドは書いた。

現代社会はわれわれを皮肉屋にしてしまう。世の中のすべてを交換価値でしか測れない経済学者こそ、まさに皮肉屋だ。彼らは経験の価値を軽んじ、あらゆるものは市場の基準で判断されると思っている。

だが、ちょっと待ってほしい。交換価値はいつからそんなふうに経験価値より上だと見なされるようになったのだろう?

「お片付け」に値段は付けられるか？
——助け合いと市場取引

こんな情景を思い浮かべてほしい。

イースターの日曜日。家族が集まって朝からずっと飲んだり食べたりしている。大人たちは2日間、ずっと宴《うたげ》の準備に忙しい。宴が終わった夕方には家は散らかり放題だ。私が君に片付けを手伝ってほしいと頼むと、君はむっとして言う。「パパ、いくらあげたらお手伝い免除してくれる？　貯金箱からおカネを持ってきて、パパにあげるから」

もし君がそんなことを言ったとしたら、私はどう思うだろう？　正直、心からがっかりするはずだ。いくらおカネをもらっても、補えないくらいに。

家族や友人やコミュニティの仲間は、お互いに助け合う。ある意味で、それも「交換」ではあるけれど、商業的な意味はなく、市場での取引とはまったく違う。私が皿を洗い、君がゴミを捨てることで、家庭内の労働力をやり取りしているだけだ。クリスマスにプレゼントを交換したり、困ったことがあったときにご近所同士で助け合うのも同じだ。

こうしたやり取りは親密さの証しだし、家族や地域の中で昔から培《つちか》われてきた深い絆の表れだ。市場の取引はその対極にある。一時的で、冷淡で、機械的でもある。クリックひとつでアマゾンから本を注文するときがそうだ。

大昔には、ほとんどのものは、商業的取引の輪の外、つまり市場の外で生み出されていた。昔の人たちは、家庭内の労働を分担するのに近い形でさまざまなものをつくり、交換していた。

もっとも、だからといって昔はいまよりよかったとか、もっと道徳的に優れていたなどと言いたいわけではない。何世紀ものあいだ、男尊女卑の家庭の中で、女性は最悪の仕事を押しつけられてきた。また、農奴や奴隷が目に見えない鎖や本物の足かせにつながれて苦役を強いられていたことは、君も知っているだろう。

ほとんどのものが広い意味での家庭内で生産されていたことからできた言葉が、「オイコノミア」だ。家庭という意味の「オイコス」と、法律、ルール、制約という意味の「ノモイ」がひとつになって、「オイコノミア」という言葉が生まれた。

この「オイコノミア」こそ、「エコノミー」の語源だ。エコノミーとはもともと、「家庭を運営し、管理するための法則」というような意味だった。

農民は自分たちでパンやチーズやお菓子や肉や衣服をつくっていた。豊作の年には十分な作物が収穫でき、余剰も生まれた。余ったトマトや小麦は、別の農民がつくった農耕道具やアプリコットなどと交換できた。不作の年は食べ物が足りず、余剰がないので、作物の交換もできなかった。人類の歴史のほとんどのあいだ、こうした家庭内経済はさまざまなものを生み出してきたが、「商品」は稀にしか生まれなかった。

すべてが「売り物」になる

この200年から300年のあいだに、人類の歴史は異なるフェーズに入った。多くのものが商品になり、自分が使うものを自分でつくることは稀になった。たとえば、台所の戸棚に何が入っているか見てみよう。家庭内ではどうやってもつくれないような、交換価値のあるものでいっぱいのはずだ。

商品化が進んだのは台所だけではない。さまざまな場所で交換価値が経験価値を打ち負かすようになった。

昔の農民は自分たちで飼料や燃料や種といった原材料をつくっていた。だがいまどきの農家は多国籍企業から原材料を買い入れる。多国籍企業は、最先端技術を使って牛を速く安く太らせる飼料を開発し、最新型のトラクターの燃料を開発し、遺伝子組み換えによって暑さにも寒さにも強い穀物の種を開発している。農薬を開発しているのも、同じ企業だ。

利益を確保するために、企業は特許を取得し、遺伝子組み換えによって開発された種や研究室から生まれた動物の品種の所有権を法的に保護している。遺伝子にさえ交換価値があるのは、そんないきさつからだ。

商品化は少しずつ社会のいたるところに広がっている。いまは女性の子宮にさえ交換価値がある。子どものできないカップルが誰かの子宮を借りて、試験管で受精した自分たちの受精卵を植えつけることが、合法的にできるようになった。

宇宙の隕石を売買する日もそう遠くないだろう。市場と交換価値は、私たちの小さな世界を超えて無限に広がっている。

そんな中で、「エコノミー」という言葉は違う意味になった。君が生まれ育ってきた時代には、エコノミーはもともとのオイコノミアとは何のかかわりもないものになってしまった。

いまわれわれが生産したり消費したりしているもののほとんどは、オイコスの外、つまり家庭の外でつくられるものだ。エコノミーの語源になった「家庭の法則」は、いまの経済で何が起きているかにはまったく関係なく、いまの経済を説明するものでもない。

いまの経済を表すには、「アゴラノミー」という言葉のほうがふさわしい。アゴラとは市場のことで、アゴラノミーとは「市場の法則」という意味だ。

市場の法則から外れた世界
――古代ギリシャ人は「オークション」をしない

古代ギリシャの詩人ホメロスによると、トロイア戦争の英雄たちは、褒美や栄誉や名声を求めて争い、口論し、ときには命まで差し出したという。総大将アガメムノンのお褒めにあずかるために、どんなことでもやったと書かれている。

しかし、戦士アキレウスは、自分が勝ち取った戦利品をアガメムノンが奪ったことに腹を立て、長期のストライキに入り、トロイア戦争にわざと出征しなかった。

アガメムノンはアキレウスの力を心底必要としていたが、金銭的な報償を出すことなど考えもしなかった。もし、アガメムノンが償いにカネを差し出してもしたら、アキレウスはますます腹を立てていたはずだ。

おカネで買えないものが本当の宝物だと考えたのは、古代ギリシャの詩人だけではない。ローマ詩人のオウィディウスが描いたアイアースとオデュッセウスの衝突もいい例だ。

アイアースもオデュッセウスも、殺されたアキレウスの武器を受け継ぐのは自分だと言って譲らなかった。アキレウスの武器は、アキレウスの母親の頼みでヘパイストス神自らがつくった見事な芸術品だった。

ギリシャの将軍たちは、双方の言い分を聞いたうえで、亡くなった偉大な英雄の武器を受け継ぐにふさわしいのはどちらかを決めることにした。勝ったのは、トロイの木馬を計画したオデュッセウスだった。恐れを知らない戦士のアイアースは、この判決を聞いて自らの命を絶った。

いまの時代なら、価値ある芸術品をめぐる紛争はどう解決されるだろう？　おそらくオークションにかけられて、いちばん高い値段を提示した人がアキレウスの武器を手に入れることになるはずだ。

なぜ古代ギリシャ人はオークションを思いつかなかったのだろう？　オークションなど意味がなかったからだ。アイアースにとってもオデュッセウスにとっても、アキレウスの武器の交換価値はどうでもよかった。そこには、違う種類の価値があった。アキレウスの武器を受け継ぐに値する人物だと認められることが、彼らにとっては大切だったのだ。

オークションで高く買い取れるなら、その武器を持つことはむしろ屈辱だったろう。その武器を見るたびに、実力でそれを勝ち取れなかったことを思い知らされるわけだから。

自分のことすら「市場価値」で測ってしまう

古代ギリシャの時代といまの時代との違いはそのまま、「市場のある社会」と現在の「市場社会」との違いである。商品と市場と交換価値は古代にも存在し、大切な役割を果たしていた。

古代のフェニキア人、ギリシャ人、エジプト人、中国人、メラネシア人、そのほかの多くの商人は、世界の端から端にさまざまな品物を運び、場所による交換価値の違いを利用して利益を得ていた。

しかし、当時の社会は市場の論理に支配されてはいなかった。ホメロスの叙事詩に登場する人物や、ローマ帝国や中世に生きた人たちが、なぜどのように行動したかを理解するには、まず何よりもその時代の文化と経験の価値を知る必要がある。

現代のビジネスマンがアキレウスやオデュッセウスやアイアースの行動を理解できないように、古代の戦士たちも現代人の行動が理解できないに違いない。いまの私たちの行動が交換価値に支配される市場社会に根付いた行動であることを知らなければ、どうしてこんなふうに振る舞っているのか、理解できないはずだ。

市場社会における人生は、経済的な（つまり、アゴラノミー的な）ものさしでしか理解できない。もちろん、文化と習慣と信仰はいまも大切だが、現代では、市場が小さくいまだに経験価値が支配的な地域でも、人は自分が市場に与える影響を通して自分の価値を測ってしまう。私がこうして経済について延々と君に話している理由もここにある。

ここで次の問いを考えてみよう。「市場のある社会」はどのように「市場社会」になったのだろう？

市場社会のはじまり
——生産の3要素が突然「商品」になった

何かを生産するのに必要な要素は次の3つだ。

・自然から採取する原材料（鉄鉱石など）、それを加工する道具や機械、そうしたすべてを置く建物や柵、そしてインフラ一式。これらすべてが「生産手段」であり、経済学者の言う「資本財」である。

・「土地」または「空間」。たとえば農場、鉱山、工場、作業場、事務所といった、生産が行われる場所。
・製品に命を吹き込む「労働者」。

大昔の社会では、生産に必要なこれらの要素はいずれも商品ではなかった。「グッズ」ではあったけれど、「商品」ではなかったのだ。

たとえば、「労働者」を考えてみよう。昔の労働者はおそらくいまよりも必死に働いていた。きつい仕事が多く、労働市場(新聞の後ろの求人欄のような)など存在せず、想像もできなかった。

封建領主に奴隷が仕えていた時代、奴隷たちは汗水たらして働いていたが、主人に自分の労働力を売る(または貸す)ことなど考えもしなかった。主人は収穫の大部分を当たり前のように独り占めし、労働者を暴力でいいなりにすることも少なくなかった。

「生産手段」は奴隷自身がつくったり、同じ領地の職人がつくったりしていた。職人がつくった器具と奴隷がつくった食べ物とを交換することもあった。お互いが自然に助け合う、家族の食卓のような感じだった。

「土地」も商品ではなかった。領主は先祖代々の土地を売ることなど考えもしなかった。

土地を売るなど、許されないことだと考えられていた。領主でなければ奴隷か小作人であり、奴隷か小作人は一生地主にはなれなかった。

市場社会は、生産活動のほとんどが市場を通して行われるようになったときにはじまった。そのとき、生産の3要素は商品となり、交換価値を持つようになった。「労働者」は自由の身となり、新しい労働市場でおカネと引き換えに労働力を提供するようになった。「生産手段」の道具は専門の職人によってつくられ、販売されるようになった。そしてもちろん、「土地」も不動産市場で売買されたり、貸し出されたりするようになり、交換価値がここに生まれた。

では、この大転換はどのように起きたのだろう？　生産の3要素が突然、商品になったのはなぜだろう？

グローバル貿易

——農奴より羊を飼おう

話は長くなる。細かいことを話していたら、君も飽きてしまうだろう。だからここでは、大まかに全体像だけを話す。

世界が変わりはじめたきっかけは、ヨーロッパで造船が発達し、羅針盤が利用され（中国で発明された）、航海手段が改善されたことだった。ヨーロッパの船乗りは新しい航海ルートを発見し、それがグローバル貿易につながった。

イギリス、オランダ、スペイン、ポルトガルの商人はイングランドやスコットランドで羊毛を船積みし、それを中国で絹と交換し、絹を日本で刀と交換し、インドで刀を香辛料に換えてイギリスに戻る。するとその香辛料で、最初に船積みした羊毛の何倍もの羊毛が手に入る。これをまた最初から繰り返す。

こうして、羊毛、絹、刀、香辛料といったものは国際的な価値を持つようになった。グローバル貿易で取り扱われるものの交換価値は国際的な需給によって決まった。そうしたものをつくる生産者や、新しい市場でそれを売買する商人は、大金持ちになった。

イングランドやスコットランドの領主たちは、社会階層の低い商人や船乗りが莫大な富を手に入れていることに憤慨し、自分たちの地位や資産が小さく感じられることが気に入らなかった。

そこで、そのうちにとんでもないことを考えはじめた。

「薄汚い商人に勝てないのなら、いっそ仲間になったらどうだろう？」

高い城の窓から外を見ると、農奴が土地を耕している。「玉ねぎやビーツなんてつくらせて、何の役に立つ？　グローバル市場でビーツになんて価値があるか？　ないじゃないか！」

そこで思い切って決めた。ビーツや玉ねぎなんてつくっている場合じゃない。そんなものは、グローバル市場で売れない。土地を柵で囲って、立ち入り禁止にしよう。小汚い農奴を全員締め出して、代わりに羊を飼うんだ。羊ならおとなしいし、羊毛は世界で売れる。

こうして、イギリスは人類史上稀に見る残酷な改革を行った。これが「囲い込み」だ。

囲い込み
——人類史上稀に見る「残酷な改革」

数十年もすると、世界は様変わりしていた。イギリスの田園風景はすっかり変わった。数百年にわたって代々同じ土地に暮らし、同じ領主に仕えていた農奴たちが、いきなり仕事も住み家も失った。農民の7割以上が家を奪われ、先祖代々暮らしてきた土地を追われた。囲い込みは悲惨で残酷で暴力的で、しかし極めて手っ取り早いやり方だった。

イギリスはこうして、「市場のある社会」から「市場社会」への道を歩みはじめた。農奴を締め出すことで、労働力と土地を「商品」にしたのだ。

どうやって？

もし、君が突然家を追い出され、イギリスの田舎の泥道に放り出されたらどうする？隣村まで歩いて行って、最初に見つけた家の玄関を叩き、「何でもやりますから、食べ物と寝る場所をお借りできませんか？」と頼み込むだろう。

これが労働市場のはじまりだ。土地も道具も持たない人間は、労働力を売って生きていくしかない。苦役を商品にするというわけだ。

いきさつはそんなところだ。数千、数万という農民が泥道に放り出され、自分たちが持っているただひとつの「もの」、つまり労働力を差し出した。彼らの親や祖父母は自らの労働力を「売り出す」必要はなかったが、土地を追われた農奴たちは自分の労働力を商品として取引するしかなかった。

生まれたばかりの労働市場は悲惨な場所で、適正に機能するまでに何十年とかかった。最初のうちは、ものすごい数の農奴が労働力を「売り出して」いたのに対して、買い手はほとんどいなかった。

数十年後に最初の工場ができてやっと、労働力への需要が高まった。工場ができるまでは、大量に出現した農奴を雇えるほど雇用者は多くなかった。そのあいだ、平時としてはこれまでになかったような飢餓や疫病や貧困が国中に広がった。

土地にも、労働力と同じことが起きた。農奴を追い出して羊を飼いはじめた領主は、しばらくすると、自分たちで羊毛を生産するかわりに、誰かに土地を貸し出して、その土地でできる羊毛の価値によって賃料を決めればいいことに気づいた。土地に茂る牧草が多ければ多いほど、たくさんの羊を飼うことができ、羊毛の生産量も増え、面積あたりの賃料も上がる。

要するに、羊毛が国際的な価値を持ったことで、イギリスの田園も国際的な価値を持つようになったわけだ。農民と太った羊を入れ替えるだけで、それが可能になった。

「すべての農奴」が商人になった

とはいえ、誰が土地を借りて羊を育てる？　これまで農奴だった人たちの一部だ。そうでもしなければ、ほかに生きる道はない。彼らは領主と賃貸契約を交わし、市場で羊毛を売ったおカネで賃料を支払い、働き手であるほかの農奴たちにわずかばかりの給料を支払い、残ったおカネで自分たちが生きていけることを期待した。

先祖代々の土地が商品になった瞬間に、こうしてすべての農奴がある種の商人になった。

かつては封建領主のもとで、農奴たちは土地を耕して自分と家族を養い、領主も自分の取り分を取っていた。この生産と分配のプロセスの中に、市場は存在しなかった。

しかし、農奴が追い出されてから、人口の大半が何らかの市場に参加せざるをえなくなった。ほとんどの農奴は労働市場に参加し、苦役を売ろうともがき、汗水たらした働きの交換価値を心配するようになった。

引き続き同じ領主の土地で働いた農奴も少数はいた。だがその労働条件はこれまでとまったく違っていた。土地の賃借人になり、羊毛の価格によって決まる賃料を支払い、起業家として羊毛の市場価格の変動を心配するようになった。

昔の心配は、領主が十分な分け前を与えてくれず、冬がきたら食べ物がなくて死んでしまうかもしれないということだった。だが、いまの心配はまったく違う。

「羊毛が市場で高く売れるだろうか？　そのおカネで賃料を払い、かつ子どもたちを食べさせていけるだろうか？」

それが新たな心配の種になった。

工場
——歴史の中の「灰色の実験室」

「囲い込み」によってすべての材料がうまく混ぜ合わされて、工業化に必要な準備が整った。

とはいえ、材料だけでは料理はできない。熱が必要だ。その熱が届いたのは、18世紀の後半になってからだ。それは、黒々とした煙を吹き出す高い煙突のついた、人間味のない灰色の建物からやってきた。工場だ。

工場の中で昼夜を問わず動き続けていたのが、スコットランド人発明家ジェームズ・ワットの発明した蒸気機関である。こうして産業革命が到来した。

「どうして産業革命はイギリスで起きたの？　フランスや中国じゃなくて」そんな君の疑問が聞こえてきそうだ。

これにはいろいろな説がある。

地理的な利点を挙げる人もいる。島国のイギリスは、ヨーロッパ大陸で起きていた戦争の混乱に巻き込まれず、航海に慣れていたので、国際貿易の恩恵を受けられる立場にあった。また、石炭などの天然資源や人口の多さ、そして植民地の繁栄を理由に挙げる人もいる。とくにカリブ海の植民地ではアフリカから連れてこられた奴隷がイギリス植民者の土地で多く働き、イギリスの繁栄に貢献していた。

しかし、私がなるほどと思ったのは、別の説だ。そこには、3つの要素がある。

まず、他のヨーロッパや中国の封建領主は自分たちの強力な軍隊を持っていたが、イギリスの領主は軍隊を持っていなかった。だから、富を蓄積するために軍事力に頼ることができず、貿易で豊かになるしかなかった。

同時に、イギリスの領主は相対的に強力だった中央権力の恩恵を受けていた。国王が強力な軍隊を抱えていて、農奴が立ち退きに抵抗すれば、領主を助けるために国王が軍隊を差し向けることができた。

そして、イギリスでは土地の所有権がそれなりに集中していた。だから少数の領主が同意すれば、一斉に農奴を追い出すことができた。

産業革命がイギリスでどう起きたかを理解するには、先ほどの料理のたとえがわかりやすい。

イギリスをひとつの大きな鍋だと考えてみよう。まず、その鍋の中に、いま言ったすべての材料（軍事力のない領主、強い中央権力など）を入れ、少し漬け込んでおく。次に、富を蓄積した商人や、羊毛や金属や繊維のグローバル貿易で豊かになった領主をそこに加える。それから、道に放り出されて、仕事と食べ物を懇願している大勢の農奴を混ぜ合わせる。

最後に、ワットがつくった、大量の機械を同時に動かせる蒸気機関の熱で鍋をぐつぐつと煮えたたせる。すると、産業革命のできあがりだ。

産業革命の最初の具体的な形が、工場だった。詩人のウィリアム・ブレイクが「暗い悪魔のような工場」と呼んだその場所で、行き場を失った農奴たちは、人類史上はじめて工場労働者として蒸気機関と隣り合わせで汗を流して働くようになった。

偉大なる矛盾
——すさまじい富とすさまじい貧困が生まれた

交換価値が経験価値を打ち負かしたことで、良くも悪くも世界は変わった。

一方では、土地と労働とそのほかの「グッズ」が商品になったことで、それまで虐《しいた》げられ、不正義と劣悪な扱いに苦しんでいた農奴たちが解放された。新しい自由の概念が生まれ、奴隷制度の廃止への可能性が開け、すべての人に行き渡るほど多量のものを生産する技術が開発された。

しかしもう一方で、新しい形の苦痛や貧困や奴隷が生まれた。

市場社会の到来と囲い込みによって、これまで土地を耕してきた農奴たちは工場労働者や、地主に賃料を払う農民となった。

どちらも自分の意思に反して働くことを強いられないという意味では自由になったが、その自由には新たな足かせがついていた。賃金労働者は自由意思で働けるようになったものの、市場の慈悲に頼らなければならなくなった。自由にはなったものの、自分で働く場所を見つけたり、羊毛の買い手を見つけたりしなければならなくなった。

土地の足かせがないかわりに、ホームレスになる危険といつも隣り合わせだった。なんとか仕事を見つけられた人たちは、一日14時間働いた。彼らの仕事場は、マンチェスターの息苦しい工場、ウェールズやヨークシャーにある炭鉱、クライド川沿いの造船所などだった。

当時の新聞によると、イングランドとスコットランドでは10歳の子どもたちが工場で昼夜を問わず働かされていた。妊婦がコーンウォール地方にあるスズ鉱山に出稼ぎに出され、掘っ建て小屋で何の助けもなく出産したという報道もある。また、そのころジャマイカやアメリカ南部の植民地では、アフリカから拉致《らち》され、カネで買われた奴隷の労働力を頼りに生産が行われていた。

人類の歴史の中で、それまでこんなことはなかった。

人類はその誕生時からずっとグローバルに拡大してきたというのは本当かもしれない。もとをたどれば、すべての人間の祖先はアフリカから来ているのだから。

しかし、産業革命によるグローバル化は、「偉大なる矛盾」を生み出した。「思いもよらないほどの富」と「言葉にできないほどの苦痛」が共存する世界ができあがったのだ。前の章で話した農業革命が生んだ格差は、産業革命によってものすごい規模に拡大した。

世界はカネで回っている?

世界はカネで回っている――。

君もそんな言葉を耳にしたことがあるはずだ。

そんなものの見方など、皮肉っぽいし後ろ向きすぎるように見えるかもしれないが、残念ながらこれは真実に近い。

ただし、仮にいまの世界ではおカネが人生のすべてであり、最も大切なものになっているとしても、昔からそうだったわけではないということは、君に知っておいてほしい。おカネは目標を叶えることを助けてくれる大切なツールかもしれない。でもいまと違って、昔はおカネ自体が目的になってはいなかった。

封建時代の領主は、いくらカネを積まれても、自分の城を売るなんて考えもしなかった。城を売るなど不道徳で、不名誉なことだと考えただろう。やむをえず売り払わなければならないとしたら、それを屈辱的で人の道にもとることだと感じたに違いない。

だがいまは、城でも絵画でもヨットでも、カネさえ積めば買えないものはない。交換価値が経験価値を打ち負かし、「市場のある社会」が「市場社会」に変わったことで、何かが起きた。おカネが手段から目的になったのだ。

どうしてそうなったのかをひと言でわかりやすく言おう。

人間が、利益を追求するようになったからだ。

ちょっと待って。人間は生まれつき利益を追求する存在じゃないの？　君はそう聞くかもしれない。

じつは、昔はそうではなかった。たしかに誰にでも欲はある。権力やカネや芸術作品やおしゃれな友だちや土地を欲しいという欲望には抗《あらが》いがたいものがある。

だが、そんな欲望と利益の追求はまったくの別もので、昔から利益の追求が歴史を動かしてきたわけではない。利益の追求が歴史を動かすようになったのは、最近のことだ。

次に話すのは、君の頭がもっとこんがらがるようなことだ。利益の追求が人間を動かす大きな動機になったのは、借金に新たな役割ができたことと深いつながりがある。

第3章

「利益」と「借金」のウエディングマーチ

――すべての富が借金から生まれる世界

「私が地獄だ」

クリストファー・マーロウの有名な戯曲の中で、悪魔のメフィストフェレスは突然、主人公フォースタス博士の前に現れてそう答える。

フォースタスが、自分は地獄に送られたのかと聞いたことへの悪魔の答えがそれだった。「私の行く場所が地獄なのだ」メフィストフェレスはそう説明した。

君はこの暗い物語を読んでいないと思う。フォースタスがなぜメフィストフェレスに魂を渡したのかも知らないはずだ。それは気味が悪く不穏な理由からだった。とはいえ、グリム童話ほどおどろおどろしくはない。ただし、子ども向けでないことは確かだ。

マーロウの戯曲ではこんなふうに物語が進む。メフィストフェレスはフォースタス博士に近づき、とても魅力的な提案をする。フォースタス博士に、これから24年にわたって絶対的な能力と際限のない悦楽を与えると約束するのだ。そのかわりに、期限がきたらメフィストフェレスに魂を渡さなければならない。

フォースタスは考えた末に、24年ものあいだ全能と至福を手に入れられるなら十分だと考える。そのあとにメフィストフェレスが自分の魂を好きにしてもいい、と。

フォースタスは取引に合意する。メフィストフェレスはほほ笑んで、フォースタスに契約書にサインさせる。フォースタスはインクではなく自分の血でサインしなければならなかった。

悪魔が考えた「地獄」より残酷なこと

貸し借りは大昔から存在した。困っている隣人を助けたら、相手はありがたがってこう言うだろう。「ひとつ借りができた」と。契約書など交わさなくても、誰かを助ければ、相手は自分が困ったときに助けてくれる。そうやって人は借りを返すものだ。

しかし、こうした助け合いは、借金とはふたつの点で違っている。ひとつは契約で、もうひとつは利子だ。

契約とは、「今日私を助けてくれたら、明日はあなたを助けてあげる」といったゆるい合意を、具体的な条件のある法的な義務にしたものだ。具体的な条件には交換価値があり、つねにではないが、多くの場合、金銭で表される。ローン契約では、ローンの借り手（債務者）がローンの貸し手（債権者）に、ローン元本に何かを加えて返済する。その何かは、普通は金銭だ。ローンを貸し付けることによって得られるこの特定の利益が、利子と呼ばれるものだ。

ここに違いがある。人助けの場合には、正しいことをしたという満足感が経験価値になる。人を助けると自分の心が温かくなる。コスタス船長のために君が海に潜ったときのように。しかし、ローン契約の場合、見返りに何か交換価値のあるものを余分に受け取れることが貸し手の行動の動機になる。それが利子の受け取りだ。

メフィストフェレスとフォースタスの取引は、助け合いの気持ちからではなかった。地獄に行って当然の人間を無理やり地獄に引きずり落とすのに飽きた悪魔は、もっと大きな褒美を欲しがった。善良な人間に、自らの意思で永遠の責め苦を負わせるようにしたのだ。そのために、自由で公正な契約を結び、善良な博士に義務を負わせた。

24年の悦楽の日々が刻一刻と終わりに近づくにつれ、フォースタスは絶望の淵に深く沈んでいった。とんでもない「利子」を支払わなければならないことに気づき、契約に署名したことを後悔する。


フォースタスがメフィストフェレスに負った債務の物語は、当時の人々が「市場のある社会」から「市場社会」への移り変わりを心配していたことを映し出している。

交換価値が少しずつ経験価値を凌駕《りょうが》しはじめていた16世紀に、マーロウがこの戯曲を書いたのは偶然ではない。

この物語は、自由な選択、履行《りこう》義務を伴う契約、そして債務と利子の関係を描く中で、近代ヨーロッパで利益の追求という考え方が出てきたことと、それが引き起こす不安を見事に映し出していた。

だから、フォースタスとメフィストフェレスの物語は単なるフィクションではない。それは人間の歴史の中で借金と利益が結びついた、痛々しい瞬間を表している。

ではそのふたつがどう結びついたのかを見てみよう。

大転換
――生産とカネの流れが逆転した

第1章で見たように、余剰は経済が存在するための前提条件だ。そしてそれは、封建時代には次のような流れで機能していた。

生産→分配→債権・債務

説明しよう。

はじめに、農奴が土地を耕し、作物をつくった（生産）。

そこから領主が無理やり年貢を納めさせた（分配）。

領主は自分が必要とする以外の余った作物を売ってカネを稼ぎ、そのカネでものを買ったり、支払いをしたり、カネを貸したりした（債権・債務）。

しかし、土地と労働が商品になると、「大転換」が起きた。生産後に余剰を分配するのではなく、生産前に分配がはじまったのだ。

どういうことか。

イギリスで農奴が土地を追われ、羊に置き換えられたことを思い出してほしい。農奴はその後、領主から土地を借り、羊毛や作物の生産を管理し、それらを売っておカネにし、領主に土地の賃料を払い、働き手たちに賃金を払うようになった。言い換えると、こうした元農奴たちは小規模な事業を経営する起業家のようになった。

しかし、事業を起こすには先立つ資金が必要だ。賃金を支払い、作物の種を買い、領主に地代を払わなければならない。作物ができる前にそのおカネが必要になる。起業家になった農奴たちにはそんなおカネはなかったので、借りるしかなかった。

誰がカネを貸したのだろう？　領主の場合もあれば、地元の高利貸しの場合もあった。彼らは利子を求めたが、いずれにしろ、まずは借金が必要だった。

賃金も地代も原料や道具の値段も、生産をはじめる前からわかっている。将来の収入をそれらにどう配分するかは、あらかじめ決まっているわけだ。事前にわからないのは、起業家自身の取り分だけだ。ここで、分配が生産に先立つようになった。

かくして、大転換が起きた。

借金が生産プロセスに欠かせない潤滑油になったのだ。利益自体が目的になったのも、このときだった。利益が出なければ、新しい起業家たちは生き延びることができないからだ。

考えてみてほしい。羊毛の値段が急落したり、災害で生産量が減ったりしたら、食べていけなくなるばかりか、借金も返せなくなる。そうなれば、借金の返済期日が近づくにつれて、彼らはますます絶望の淵に沈んでいく。そして借金の奴隷となってしまう。まさにフォースタスと同じように！

富と競争
――競争に勝つには借金するしかない

封建時代は、農奴の働きを監督する人はいなかった。農奴は領主に作物を納めたあとに余ったものを手元に置いておくだけだった。賃金という概念はまだ存在せず、利益追求は生き残りに必須ではなく、大半の人は借金に悩むことはなかった。

その結果、領主の壮大な邸宅や城の中に富が蓄積された。富める者はさらに富を増やしたが、それは投資や商いや利益によってではなかった。権力者はほかの領主から富を奪ったり、民衆を搾取したり、国王の取り巻きになったり、外国と戦ったりすることで、富を増やしていた。

そうやって、彼らは望んだ名誉と権力を確保していた。彼らの頭の中に、利益という概念は存在しなかった。

しかし、利益追求を目的とした企業ができると、新しい富の源泉が生まれた。

お風呂にお湯が流れ込む場面を想像してほしい。それが企業に入ってくるおカネだ。さらに、お風呂の栓がきちんと閉まっていないとしよう。排水口に吸い込まれていくお湯が、事業を継続させるために使っているおカネだ。

蛇口から流れてくるお湯が、排水口に吸い込まれる量よりも多ければ、お風呂にお湯が溜まっていく。入ってくるお湯の量が出ていくお湯より多ければ多いほど、利益は多くなる。お風呂に溜まるお湯の量が多ければ多いほど、富が蓄積されていく。

封建制度のもとで貴族階級が支配的な地位を維持できたのは、政治と軍隊と法律と慣習のおかげだった。富の蓄積をもっと速めるために、生産性を上げるようなテクノロジーを開発する必要も動機もなかった。

貴族とは対照的に、新興の起業家が生き残れる保証はどこにもなかった。むしろ、既存の政治や法律や慣習は起業家に不利だった。だから、彼らが生き残るには利益を生み出すしかなかった。

貴族とは違って、誰でも起業家にはなれた。借金を背負う覚悟と能力があれば。そして、起業家になったとたん、リソースと顧客と生き残りをかけて、誰もが必死に争いはじめた。

最も低い価格を提示できた者が、最も多くの顧客を獲得できる。最も安い賃金で労働者を雇えた者が、最も多くの利益を手に入れることができる。最も生産性を上げた者が、どちらの競争にも同時に勝てる。

新しいテクノロジーが競争優位の源泉となり、起業家にはそれを追求する強い動機があった。こうして、ジェームズ・ワットが発明した蒸気機関が使われ、作業場は工場に姿を変えた。

もちろん、テクノロジーは高くついた。さらに借金を重ねなければ、技術は手に入らなかった。借金を増やせば利益が増える可能性はあるものの、うまくいかなければ破滅が待っている。

起業家の借金と利益と焦りが高まるにつれ、競争はますます過酷になっていった。倒産の憂き目に遭わないためには、労働者をできるだけ安く雇わなければならない。莫大な富が生まれるのと同時に、借金が増え、貧困はますます深刻になっていった。金持ちがさらに金持ちになる一方で、多くの起業家は倒産の危機にさらされ、膨大な数の労働者が過酷な条件で働かされた。

産業革命の原動力が石炭ではなく、借金だったことがわかっただろうか？　こうして、ひと握りの人たちが富を蓄積し、それ以外の人たちは耐え難いほど悲惨な生活を強いられるようになっていった。

市場社会では、すべての富が借金によって生まれる。過去3世紀のあいだにありえないほど金持ちになった人たちはみな、借金のおかげでそうなった。

フォースタスが教えてくれるように、市場社会にとっての借金は、キリスト教にとっての地獄と同じだ。近寄りたくはないけれど、欠かせないものなのだ。

フォースタスは地獄行き、ファウストは救われる

フォースタスに話を戻そう。いまの人たちが読んだり、演劇で見たりするのは、マーロウの戯曲『フォースタス博士の悲劇』ではなく、ずっとあとにドイツの詩人ゲーテが書いた『ファウスト』のほうだ。

マーロウが戯曲を書いたのは16世紀の終わりだが、ゲーテが『ファウスト』を書いたのは19世紀のはじめだ。

このふたつの物語には面白い違いがある。少なくとも経済の視点から見ると、その違いは非常に面白い。

ひとつは、マーロウの戯曲に出てくるフォースタスは、神と聖書に納得できず、悪魔を呼び出してしまう。フォースタスは信心深く、哲学的な反抗者だった。

一方、ゲーテのファウストは粗野な欲望に突き動かされている。権力を手にしたいという欲望だ。

もうひとつのより重要な違いは、話のオチだ。マーロウの戯曲では、24年の期限が迫るにつれてフォースタスは泣き、乞い、契約から解放してくれとメフィストフェレスに懇願するが、頼みは聞き入れられない。真夜中の鐘が鳴ると、不気味な亡霊が姿を現し、稲妻と共にフォースタスを地獄へと連れていく。

ゲーテは逆に、ファウストに救いを与えた。

ゲーテはファウストを地獄に送るかわりに、その善行と思いやりに報いて贖罪（リデンプション）する。

約束の期限がくる前に、ファウストは過《あやま》ちに気づいて、世のため人のためになることを行った。メフィストフェレスがとうとう「利子」を徴収しにやってきたとき、神に遣わされた天使が邪魔をする。天使たちはこう歌う。「それでも必死に生き、成長しようとする者は救われる」そして天使たちはファウストを天国に連れていく。

借金は宗教的な問題だった
――神は「利子」を歓迎している？

物語の結末がなぜ違うかについて、私なりに考えている理由がある。利子を含めた借金の返済が、何と呼ばれているかご存じだろうか？

「償還（リデンプション）」だ。

「贖罪」と同じ言葉なのは偶然？　まさか。借金というのは大昔から宗教的な問題だった。イスラム教はいまでも、利子の徴収を少なくとも表向きは禁じている。

マーロウの時代には、キリスト教も利子を禁じていた。いまのイスラム教徒と同じで、当時のキリスト教徒は利子の徴収を罪深い行為だと考えていた。「高利貸し」は卑しい職業とされていた。

だから、マーロウの戯曲に登場する利子を伴う借金は、当時の人たちにとっては「悪事」であり、だからこそフォースタスは罰を受けなければならなかった。フォースタスはメフィストフェレスに究極の利子を約束していた。魂を受け渡すという約束だ。それはとんでもなく罪深い行為だったのだ。しかしゲーテがファウストを書いた時代には、社会通念が変わっていた。

通念が変わったのは、「市場のある社会」が「市場社会」に変わったからだ。

ゲーテの時代の社会は、借金と利子に頼っていた。信仰や教義を脇に置き、借金に利子を課すことを法的に禁止しなくなってはじめて、産業革命は花開いた。

利子を課すことへの偏見は、土地や労働力の商品化とは相いれなかった。借金と利子への社会的な制裁は時代に合わなかったし、偏見は覆されて当然だった。

この転換には、16世紀にカトリック教会から分離したプロテスタントが果たした役割が大きい。プロテスタントは、ローマ教皇と枢機卿《すうききょう》たちへの反対から生まれた。カトリック教会では、教皇と枢機卿だけが神と対話できるとされていた。

一方、教会の権威者を通さなくても、誰もが自由に神と話せるとしたのがプロテスタントだ。プロテスタント教会では、自立した普通の人が中心的な役割を果たした。

では、その時代に力をつけ自立した人とは誰だっただろう？　交換価値と利益欲が社会の中で支配的になっていった時代に、プロテスタントを牽引《けんいん》する存在となったのは、商人であり起業家だった。もちろん、プロテスタントの教義では、利子付きの借金は神の計画の一部として受け入れられた。

プロテスタントとカトリックが100年以上も争い続けたことからも、これがどれほど過激な社会変革だったかがわかる。ゲーテが『ファウスト』を発表するころには、ヨーロッパ人は借金に対してはるかに寛容になっていた。利子と元本を返しさえすれば借金をしてもかまわないという意識に変わっていたのだ。

ファウストはスクルージの裏返し

ゲーテが描いたファウストの物語は、ある意味でチャールズ・ディケンズが『クリスマス・キャロル』で描いたエベネーザ・スクルージの物語を裏返しにしたものだ。

スクルージは、他人から利子を巻き上げて金持ちになり、自分のカネを一銭たりとも他人のために使おうとしないケチな人間だった。物語の最後にスクルージのところにクリスマスの亡霊がやってきて、スクルージが死んだあとの人々の姿を見せる。そこでは誰もスクルージの死を悲しまず、スクルージからカネを借りていた貧乏な夫婦は彼の死を飛び上がって喜んでいた。

その光景にショックを受けたスクルージは、金庫を開き、カネを使って使って使いまくる。人生ではじめて、彼は周囲の人を幸せにし、自分の人生に喜びを感じた。

ファウストがしたことは正反対だ。利子を貯め込み、人生の喜びに背を向けていたスクルージと違って、ファウストは最後に大きな利子を支払うことを条件に、24年ものあいだ人生の悦楽に浸った。

ゲーテの時代に、新たな市場社会のニーズに合っていたのはどちらの物語だろう？

もちろん『ファウスト』だ。なぜって？　もし人々がスクルージのように借金もせず、カネを使いもせず、ひたすら貯め込むばかりなら、市場社会の経済が完全に止まってしまうからだ。

では、経済が止まるとはどういうことだろう。次に話すのはそのことだ。

郵便はがき

料金受取人払郵便

渋谷局承認

6817

差出有効期間
2023年12月
31日まで
※切手を貼らずに
お出しください

1 5 0-8 7 9 0

1 3 0

〈受取人〉
東京都渋谷区
神宮前 6-12-17
株式会社ダイヤモンド社
「愛読者係」行

フリガナ		生年月日		男・女
お名前		T S H 年 月 日生	年齢 歳	
ご勤務先 学校名		所属・役職 学部・学年		
ご住所 (自宅・勤務先)	〒 ●電話 ( ) ●FAX ( ) ●eメール・アドレス ( )			

◆本書をご購入いただきまして、誠にありがとうございます。
本ハガキで取得させていただきますお客様の個人情報は、
以下のガイドラインに基づいて、厳重に取り扱います。

1, お客様より収集させていただいた個人情報は、より良い出版物、製品、サービスをつくるために編集の参考にさせていただきます。
2, お客様より収集させていただいた個人情報は、厳重に管理いたします。
3, お客様より収集させていただいた個人情報は、お客様の承諾を得た範囲を超えて使用いたしません。
4, お客様より収集させていただいた個人情報は、お客様の許可なく当社、当社関連会社以外の第三者に開示することはありません。
5, お客様から収集させていただいた情報を統計化した情報（購読者の平均年齢など）を第三者に開示することがあります。
6, お客様から収集させていただいた個人情報は、当社の新商品・サービス等のご案内に利用させていただきます。
7, メールによる情報、雑誌・書籍・サービスのご案内などは、お客様のご要請があればすみやかに中止いたします。

◆ダイヤモンド社より、弊社および関連会社・広告主からのご案内を送付することがあります。不要の場合は右の□に×をしてください。 不要 □

①本書をお買い上げいただいた理由は？
（新聞や雑誌で知って・タイトルにひかれて・著者や内容に興味がある　など）

②本書についての感想、ご意見などをお聞かせください
（よかったところ、悪かったところ・タイトル・著者・カバーデザイン・価格　など）

③本書のなかで一番よかったところ、心に残ったひと言など

④最近読んで、よかった本・雑誌・記事・HPなどを教えてください

⑤「こんな本があったら絶対に買う」というものがありましたら（解決したい悩みや、解消したい問題など）

⑥あなたのご意見・ご感想を、広告などの書籍のPRに使用してもよろしいですか？

1　実名で可　　2　匿名で可　　3　不可

※ご協力ありがとうございました。　【美しく、深く、壮大で、とんでもなくわかりやすい経済の話。】105511●3110

第4章

「金融」の黒魔術
――こうしてお金は生まれては消える

現代の経済は、生き物の生態系と同じで、循環しなければ崩壊してしまう。

動物と植物が酸素と二酸化炭素を循環させているように、労働者は稼いだ賃金を店で使い、企業は売上から従業員の給料を支払ってお互いに生き延びている。

この循環が止まると、生き物の生態系で言う「砂漠化」を招くことになる。すなわち、経済は危機に陥り、とてつもない貧困や窮状がもたらされる。

この本を執筆しているいま、われらが祖国ギリシャはまさにそんな困った状況に陥っている。

君がいま住んでいるオーストラリアも、アメリカも、イギリスも、ヨーロッパのほとんどの国も、1930年代に同じような大恐慌に見舞われた。当時の恐慌はあまりに深刻で、アメリカ人作家ジョン・スタインベックは大恐慌をテーマに『怒りの葡萄《ぶどう》』を書き、この本はベストセラーになった。

『怒りの葡萄』の第25章には、数十万人が飢える一方で、大量のじゃがいもが川に捨てられ、たくさんのオレンジに石油がまかれる話が描かれている。経済は循環せず、ただただ理不尽な破壊が行われていた。

人間はこの地球から作物を収穫する能力があるのに、飢えた人たちにそれを食べさせるシステムをつくれていないと、スタインベックは嘆いた。

この失敗は「国家の上に大きな悲しみとしてのしかかり」、飢えた人々の怒りは葡萄の実のように膨《ふく》らんでいった。「人々の魂の中で、葡萄のツルに実が連なり、ますます重く重く垂れ下がっていった」とスタインベックは書いている。

どうしてそんなことになったのだろう？

答えは、市場社会が、あるとき突然に循環能力を失ってしまうことにある。そしてよくよく見ると、循環不能の原因はおなじみのあの存在だ。「金融機関」である。

どうして金融業界はこんなに嫌われているのだろう？　ひとつには、金持ちの金融人を妬《ねた》む気持ちからだろう。だが、妬み以外の何かがあると私は思う。

借金が罪だと思われなくなったことで、金融機関は自由に金利を設定できるようになった。このとき、金融機関は巨大な力を持ちはじめた。大規模な循環を起こす力を持つと同時に、いきなり循環を止めて破滅を引き起こす力も持ったのだ。

次はこの力について説明しよう。

起業家はタイムトラベラー
——未来から無限の交換価値をつかみとる

たとえば、起業家である羊毛生産者が地主からカネを借り、生産の開始と商売の立ち上げに必要な材料や機械を買い、労働者を雇い、地代を払ったとする。

さて、ここで起きていることは何だろう？

起業家が地主からおカネを借りるのは、いずれ羊毛を売って借金を返せると思っているからだ。経済学の言葉にすると、起業家は将来実現しそうな交換価値を、いまこのときに引っ張ってきているわけだ。

ＳＦ映画風にこのプロセスを描くとしたら、起業家は半透明の膜の向こう側にぼんやりと見える未来を見つめている。そこにチャンスを見た起業家は、指で膜をさわり、ぐいっと膜の中に手を入れてその奥にあるチャンスをつかもうとする。起業家は現在にいるが、手だけが未来に伸びている。起業家は手を動かして交換価値らしきものをつかみ、その手をまたぐいっと引き抜いて現在に戻す。

起業家が未来をそれなりに正確に見通せていたとしよう。すると羊毛が予想通りに売れて、交換価値が実現でき、借金を返済できる。

だが見通しが間違っていて、交換価値を実現できなければ、未来が歪《ゆが》んでしまう。ＳＦ映画なら大ピンチの場面だ。起業家は借金を返済できず、会社は倒産することになる。

起業家がタイムトラベラーだとすれば、銀行はツアーガイドだ。

起業家は際限のない野心で、時空の膜を超えて未来から無限の交換価値をつかみとり、現在に持ってこようとする。とはいえ、家族や友だちや仲間から少額の資金を借りることはできても、多額の借金をどんどん続けるのは簡単ではない。そこで、金融機関の出番となる。

銀行はツアーガイド
——どこからともなくお金を生み出す

金融機関の役割とは何だろう？

銀行は、貯金があってもすぐに使う予定のない人たちと、貯金がなくおカネを借りる必要のある人たちのあいだに立って、両者を結びつける。預金者からおカネを預かり、借り手にそのおカネを貸し付けて利子を取り、預金者には少しの利子を支払い、その差で儲ける。最初はそれが銀行の仕事だった。だが、いまは違う。

たとえば、ミリアムという女性が自転車を製造しているとしよう。ミリアムは銀行に5年の返済期限で50万ポンドの借金を申し込んだ。炭素繊維でより軽く強い自転車のフレームをつくりたいからだ。

ここで質問。銀行はミリアムに貸す50万ポンドをどこで見つけてくるのだろう？

早合点しないでほしい。「預金者が預けたおカネ」は不正解。

正解は「どこからともなく。魔法のようにパッと出す」。

では、どうやって？

簡単だ。銀行の人が5という数字の後にゼロを5つつけて、ミリアムの口座残高を電子的に増やすだけ。ミリアムがATMで残高を見たら、「50万ポンド」という数字がスクリーンに映し出される。ミリアムは飛び上がって喜び、すぐにそのおカネを材料の仕入先に送る。そんなふうに、どこからともなく50万ポンドがパッと目の前に現れるのだ。

「銀行があまりにも簡単におカネをつくりだすことができて、恐ろしくなる」と言った経済学者もいる。本当にそうだ。ペン1本で、あるいはキーボードを2、3度叩くだけでおカネを生み出せる魔法の力が金融機関にあると考えると、ぞっとしてしまう。その力に疑問を持つのは当たり前だ。何もないところから価値が生まれるなんて、奇妙なことだから。

だがここでいったん、どこからともなく50万ポンドがパッと現れた瞬間に戻ってみよう。この銀行はある意味で、ミリアムを時空の膜の前に座らせて、彼女が5年先の未来に手を伸ばすことを可能にした。いまのミリアムはこれから自転車を製造販売しようとしている起業家だが、未来のミリアムは自転車会社のオーナーとして経済的に成功したビジネスウーマンになっている。銀行はいまのミリアムが成功できるように、未来のミリアムの50万ポンドをつかませたのだ。

銀行は、ミリアムが5年のあいだに夢見る起業家から成功したビジネスウーマンになる可能性に対して50万ポンドを貸し付けてリスクを負うかわりに、そのリスクに対してミリアムから利子とその他の手数料を徴収する。

銀行は、現在の交換価値を貸すわけではない。「現在」という縛りがないので、いくらでもおカネを貸すことができる。キーボードを何度か叩くだけでいい。より多くの人に、より多くのおカネを貸すことで、経済に回るおカネは多くなり、銀行の懐も潤う。実験室のネズミがレバーを押すと餌がもらえることに気づいたときと同じで、銀行はおカネを貸して、貸して、貸して、貸し続ける。

銀行が損をしない方法が生まれた

ひと昔前なら、銀行は、ミリアムが借りたおカネを賢く使って借金を返済できると確信できなければおカネを貸していなかった。言い換えると、銀行は自分たちの行為が〝時空を歪めない〟ように気をつけていた。つまり、未来がやってきたときに、ミリアムが十分な余剰を生み出して、未来から取ってきたものを返せるようになっていなければならなかった。

しかし、1920年代ごろに、金融業の歯車が狂った。

ふたつの変化が起きたのだ。ひとつは、産業革命によって市場社会の経済がものすごい勢いで拡大し、急激な成長を支えるために借金の額が爆発的に増大したこと。もうひとつは、事業がうまくいかない場合にも、銀行が被害を被《こうむ》らないような方法が生まれたことだ。

たとえば、銀行はミリアムに貸し付けを行ったあと、その債権を小口に分割してたくさんの投資家に販売するようになった。50万ポンドのローンを５０００人の投資家に分けるとすると、銀行はそれぞれの投資家から１００ポンドずつ受け取れる。

しかし、ミリアムのローンを買いたい投資家などいるのだろうか？　もちろんだ。なぜなら銀行は投資家に対して、銀行に１００ポンド預金したときよりも高い金利を受け取れるように設定するからだ（とはいえ、ミリアムが支払う金利よりは低く設定する）。

こうすれば銀行はすぐに50万ポンドを回収できるし、利益も受け取れる。もしミリアムが破産して借金が返済できなくなっても、５０００人の投資家が損をするだけだ。

金融危機
——そこにはやはり「落とし穴」がある

君は、こう考えているにちがいない。「でも、どこかに落とし穴があるはず」、と。

まさにその通り。

銀行はミリアムのもとに未来からおカネを引っ張ってくればくるほど、投資家にますます多くのローンを売りつけることができ、銀行の利益は増える。

だが、銀行がその力を使って未来から現在に引っ張ってくるおカネが増えれば増えるほど、未来を読み違えて時空が歪む可能性が高まる。

ミリアムの事業が成功したとしよう。ミリアムは自転車を製造し、ミリアムの仕入先は新しい従業員を雇う。その従業員が自転車やほかのものを買う。こうして経済は循環し、市場社会は拡大する。

何もかも安定しているように見えているので、銀行はその魔法の力をより頻繁により自由に使いたくなってくる。そして銀行自身も気づかないうちに、その魔力は黒魔術の領域に入ってしまう。ある時点で、社会全体が借金漬けになり、経済の成長がそれに追いつかず、利益を出しても返済しきれない状況が訪れる。

ここで、みんなが思い描いていた未来はやってこないことに社会が気づく。未来から引っ張って借りてきた莫大な価値が実現できないとわかったとき、経済は破綻《はたん》する。

こんな例を考えてみよう。銀行にカネを借りたほうがいいと熱心に勧められて、ミリアムは返せないほど多額の借金を負ってしまった。ローンを返済できなくなったミリアムは、工場を閉鎖する。この場合、ミリアムは昔の自分に騙されていたことになる。そそのかしたのは銀行だ。

そんなふうに銀行にそそのかされて自分自身を騙してしまったのが、ミリアムだけではないとしよう。数多くの企業が破綻し、失業者が大量に発生する。失業者が増えれば、彼らが買い物をしていた店も傾く。店や企業の閉鎖が重なるにつれ、銀行は返済不能のローンをますます抱え込むことになる。

すると、銀行が苦しいという噂が広がりはじめる。預金者の中には、預金がなくなるのではないかと心配して現金を引き出す人が出はじめる。それを聞いたほかの預金者も、現金を引き出そうとする。

銀行にはすべての引き出しに応じるだけの現金はない。先ほど見たように、銀行は何もないところから生み出したカネをまじえてローンを貸し付けているからだ。

すると、銀行の現金は底をついたという風説が流れ、取り付け騒ぎに発展する。預金者が長い列をなして現金の引き出しを要求し、困った銀行の支店長はシャッターを降ろさざるを得なくなる。大口預金者は突然、自分が一文無しになったことに気づく。

歯車が「逆回転」しはじめる

借金は市場社会に欠かせないと言ったことを覚えているだろうか？　借金がなければ利益も生まれないとも言った。利益が生まれなければ、余剰もない。

これにもうひとつ付け加えたい。利益と富を生み出すまさにその仕組みが、金融危機と破綻をも生み出す、ということを。

金融危機のあとにくるのが不況だ。誰にも借金があり、誰もそれを返済できない。銀行が破綻すれば、預金者は預金を失う。お金持ちも、先行きが不透明なので支出を抑えるようになる。経済を前に進めていた循環のプロセスが、今度は逆の方向に回りはじめる。

ミリアムのような起業家から顧客は離れていき、新しい機械の注文はキャンセルされ、労働者は解雇される。失業した人たちは、まだ潰れていない起業家からものを買えなくなり、生き残っている会社も瀬戸際に追い詰められる。事務所や工場は閉鎖される。大勢の働きたい労働者たちに仕事はなく、本来は人を雇いたい企業も、人を雇ってものをつくっても、買ってくれる人がいないのではないかと恐れることになる。

一方で、家を買った人たちはローンを返済できなくなる。銀行は自宅を差し押さえて二束三文で競売にかけ、貸したカネの一部を取り戻す。だが、売りに出されている家はあまりに多く、人々の懐はあまりにも淋しいため、数多くの家が空き家のままで残され、住宅価格は崩壊する。

大量倒産。大量失業。それが、銀行の傲慢さの後に残る轍《わだち》である。誰もがそのしっぺ返しを受ける。貧乏な人や無実の人にも、災いはふりかかる。

そんな悲惨な悪循環を終わらせる力を持つのは、誰だろう？

誰が助けてくれるのか？
——中央銀行がどこからともなくカネを出す

経済がそんな破壊的な循環にはまってしまったら、助けになるのは、あの存在しかない。国家だ。19世紀に市場社会がはじめて不況を体験したとき以来、影響力のある市民たちの圧力によって、国家は介入を余儀なくされてきた。

では、国家は何をするのか？

どんな国家もまず最初に行うのは、金融システムそのものへの介入だ。パニックが広がれば、すぐに銀行は次々と倒産する。倒産を防ぐには、銀行にカネを貸して窓口を開かせることによって連鎖反応を止めるしかない。だが、そんなに短時間で莫大な金額をどう用立てられるのだろう？

君も「中央銀行」という言葉を聞いたことがあるだろう。どの国にも、というか、より正確にはどの通貨にも、中央銀行が存在する。中央銀行の名前は国によって違う。イギリスではイングランド銀行と呼ばれるし、アメリカでは連邦準備銀行、オーストラリアではオーストラリア準備銀行だ。ヨーロッパではそのものずばりの欧州中央銀行。

名前はともかく、中央銀行とは国家が所有する銀行で、そのお客さんは銀行だ。この中央銀行からおカネはやってくる。途方もなく莫大な量のおカネが。

君の口からいまにも飛び出そうな質問が何かわかる。

「でも、中央銀行はどこからおカネを持ってくるの？」

おそらく答えはわかっているはずだ。

「どこからともなく、パッと出す」

そのとおり。銀行がミリアムの口座残高に数字を付け加えたように、中央銀行も同じことができる。今回は、中央銀行がそれぞれの銀行の口座残高に数字を付け加えるだけだ。

ミリアムにおカネを貸した銀行は、彼女が借金を返せるようになるまで、その債務のリスクを負う。国はもっと信用も信頼も厚いけれど、基本的な仕組みは同じで、銀行が健全になるまでその債務のリスクを負うことを宣言するわけだ。

国家の新しい（ようでそうでもない）役割

ここで、普通の銀行と中央銀行にはひとつ違いがある。

中央銀行が何もないところからおカネを生み出すとき、つまり未来から交換価値を借りてくるとき、それは利益が欲しいからではない。銀行を救い出し、黒魔術によって破壊されそうになった経済を元に戻すことが、中央銀行の目的だ。

中央銀行は、普通の銀行にとっての「最後の貸し手」になる。するとそこに面白い関係が生まれる。中央銀行は普通の銀行に対して何らかの権限を持つようになるのだ。

中央銀行はどの銀行を救い、どの銀行を破綻させるかを決められる。ということは、黒魔術を抑えるように銀行を指導することもできるはずだ。

しかし現実には、指導がもぐら叩きの様相を呈するようになった。普通の銀行は、中央銀行が定める規制や指導をバカにし、あらゆる手を使ってその網をかいくぐろうとする。

中央銀行は火事の広がりを必死に止めようとするが、普通の銀行は放火の罪に問われることもなく、中央銀行は仕方なく新しいおカネを流し込み、燃え盛る火を消し止めなければならなくなる。

中央銀行には銀行の暴走を止める力がないのではないかという一般大衆の不安を鎮め、取り付け騒ぎを未然に防ぐため、やがて国家はもう一歩踏み込んだ政策を取るようになった。人々の預金について、もし銀行が破綻したら国が返済することを保証したのだ。

もちろん、中央銀行が預金者におカネを返すには、どこからともなくおカネを生み出すしかない。

ところで、私はさっきから「どこからともなくおカネを生み出す」という表現を何度も使ってきた。君はそんなのおかしいと思っているはずだ。意味がよくわからず、居心地の悪い気分になるだろう。

君だけじゃなく、ほとんどの人がそう感じるはずだ。「どこからともなくおカネを生み出す」なんてごく最近の現象ではないのか、と。テクノロジーが発達したから、銀行や国家が口座残高にゼロを付け足すだけでおカネが生み出せるようになったのではないか、と。昔のおカネはもっと本物で、目に見えて、もっと実体のあるものだったのではないか、と。

だがその考えは、まったくの間違いだ。

メソポタミア時代に農業を営んでいたナバックさんに話を戻そう。ナバックさんは働いた分に値する貝殻をもらっていた。その貝殻には、収穫が終わったらナバックさんが受け取れるはずの穀物の量が刻まれていた。数字を刻むのは、支配者に雇われた役人だ。数字の刻まれた貝殻と、中央銀行の発行するおカネは、基本的に同じものだ。

メソポタミア時代の支配者は、貝殻に刻む数字を勝手に決めて、いくらでも好きなだけ貝殻を与えることができた。中央銀行がやっていることと、そう違わない。

当時もいまも重要なのは、貝殻に刻まれた数字や、口座残高の数字を、人々が信用できるかどうかだ。土地の生産性を高め、国家を豊かに安定させ続けることで、作物は約束通りに分配されるし、通貨は信頼に値すると示すことだ。国家の新しい（ようでそうでもない）役割と言ったのは、そういう意味だ。

とはいえ、支配者だけでなく民間の銀行までもがどこからともなくおカネを生み出せるようになったことは、極めて現代的で、市場社会に特有の現象だ。

銀行と国の「持ちつ持たれつ」の関係
——銀行には冷たくできない

君はこんなふうに考えているかもしれない。

「どうしようもなくなったら国家が助けてくれるなら、景気のいいときに銀行が気前よくおカネを貸し出すのは当たり前で、そうしないほうがおかしいんじゃない？　国が銀行を救って預金や決済のシステムを保護するのはいいけれど、銀行の人たちは救わないほうがいいのでは？　ほかの銀行の人たちが同じことをしないように、破綻した銀行の責任者は一文無しで家に帰したら？」

たしかに、誰が見てもそのほうが理にかなっている。だが現実はそうならない。

行政を担う政治家は、銀行家から大きな支援を得て当選していることが多い。銀行家が政治家を必要とするのと同じくらい、政治家も銀行家を必要としている。

中央銀行の官僚も同じだ。魔法の力を持つ銀行家たちは、政治家や中央銀行の役人よりもはるかに多額の報酬を得ている。普通の銀行の場合、政治家や官僚と違って、自分たちの報酬を一般大衆に説明する義務もない。残念ながら、銀行を監督する立場の役人や政治家が、引退後に銀行に天下るケースは多い。そのご褒美が待っているので、役人は銀行に厳しく接することがなかなかできない。どんな業界もそうだが、勇気のある人間は稀にしかいないのだ。

銀行と国家は持ちつ持たれつの関係で、だから銀行家は慎重になる必要性を感じない。もちろん、危機があるとしばらくのあいだ銀行家は目立たないようにする。スピード違反で罰金を取られたドライバーと同じで、しばらくは制限速度以下で運転するが、そのうちまたスピード違反で捕まってしまう。国家が銀行を救済し、経済が安定してしばらくすると、銀行家はまたアクセルを踏み、どこからともなくおカネを生み出すようになる。

滅入ってしまうような話だが、根本的な矛盾がここにある。

銀行が市場社会に与える不安定さは減らすことはできても、完全に消し去ることはできないのだ。というのも、銀行が与えてくれるものが、経済を動かす燃料になるからだ。それが、借金である。

国家が安定をもたらすことに成功すればするほど、借金を生み出しやすい安全な環境が生まれ、銀行はますます活発にカネを貸し出すようになる。そしてまたそれが不安定さを引き起こす。

焦げつき
——借金を「ご破算」にするのは倫理の問題ではない

借り手が破産して借金を返済できない場合には、どうしたらいい？　答えはひとつ。借金をご破算にするしかない。経済学の用語では、「債務免除」という。これは倫理や道徳とは関係ない。借りたカネを返さなくてもいいか悪いかといった話ではない。実務の問題だ。

ヴィクトリア時代、借金を返さない人間は、利子と元本を返済し終えるまで、特別な牢屋に入れられていた。いまでも、国家が借りたカネを返せない場合に、犯罪者のような扱いを受けることがある。ギリシャがいい例だ。

だが、19世紀に市場社会が金融危機や不況を乗り越えられたのは、すべての借金が一律に保護される必要はないという方向に法律が変わったからだ。

では、なぜそんなことが可能になったんだろう？

かつて会社が倒産したら所有者が投獄され、家も何もかも失ってしまっていた時代は、大金持ちか間抜けでなければ、多額の借金を背負ってまで大規模な事業を行おうとはしなかった。

そこで、市場社会において発電所や鉄道といった莫大なカネのかかる大規模なものをつくったり、企業が障害を乗り越えて大きく成長することを可能にするためには、倒産してもその事業にかかわる所有物だけが没収されるように、法律を変える必要があった。事業を所有する個人の預金や自宅や持ち物まで没収されないようにしなければならなかった。

これが「有限責任」というものだ（とはいえ、企業を所有する起業家は保護され、会社を持たない一般人は保護されないのは、ある意味で皮肉なことだ)。

もし債務が免除されなければ、破綻した事業や企業の所有者たちは永遠に破綻したままの状態に置かれることになる。少なくとも、破綻した起業家には誰もおカネを貸してくれなくなる。債務が免除されなければ、従業員を雇うことも、家を買うことも、子どもを大学に送ることもできなくなってしまう。

たとえば、果物の値段が下がっているために、農園主が借金を返済できなくなりそうだとしよう。すると、たとえ人々がどれほど飢えていようとも、農園主は収穫した果物の大部分を廃棄しようと思うのが自然だ。そうやって果物不足の状態をつくりだし、価格をつり上げようとするのだ。スタインベックが『怒りの葡萄』で描いたのが、まさにその状態だった。

枝を燃やして山火事を防ぐ

それと同じで、もしギリシャ政府が永遠に債務を免除されず、いつか返済できるふりをさせられ続けていたら、いつまでも企業や個人に多額の税負担を課し続けなければならず、経済を回復させることはできない。

返済不可能な借金に永遠に囚われていたら、企業も個人も国家も復活できない。聖書の中で、借金を定期的に棒引きにすべきだと書いてあるのも、同じ理由からだ。それは、森に落ちている枝を燃やすことで、大規模な山火事を防ぐようなものだ。

当然、カネを貸す側、つまり債権者は「債務免除」という言葉を耳にするだけでわめき散らして抗議する。中でも一番大きな声で反対するのが、銀行だ。銀行はあの手この手で政治家に呼びかけ、債務免除を禁じる法律をつくりたがる。

しかし、債務免除を強いられるような状況をつくりだしているのは、銀行の放漫な貸し付けにほかならない。それに、金融危機がやってきても、銀行家は個人資産も事業の支配権も失わなくて済む。二枚舌もはなはだしいとは、彼らのことだ。

銀行だけが救済されて、政府も含めてほかの債務者は救済されないとしたら、最悪だ。そんな社会は、不安定さと破綻と怒りの葡萄しか生み出さない。

こんな苦境に陥ったときに私たち市民を救済してくれるのは誰だろう? 国家しかない。返済できない債務は国家に帳消しにしてもらうしかない。国家が介入してくれてはじめて、債務の霧が晴れ、回復への道を歩むことができる。

言い換えると、破綻しつつある経済を再生できるのは、政治の力しかないということだ。またそれが、破綻を引き起こした真の原因に対処する唯一の道である。この点についてはあとで話そう。

金持ちは政府を煙たがりつつ庇護を求める
——矛盾に終わりはない

君もそのうち大人になって、好景気も不景気も経験することになるだろう。そして、この社会の驚くべき欺瞞《ぎまん》に気づくはずだ。

景気のいいときには、銀行家も起業家も、金持ちは総じて政府に反抗的だ。政府を「進歩の足かせ」と批判し、国民に税金をたかる「寄生虫」と呼び、「自由と起業家精神の敵」だと罵《ののし》る。知識層の中には、さらに厳しく政府を批判し、政府には社会に奉仕する資格などなく、そもそも「社会などというものは存在せず、個人と家族がいるだけ」で、「社会の定義は定かでないから、国家は社会に奉仕できるはずがない」などと言う人もいる。

しかし、自分たちのせいで金融危機が起きると、それまで舌鋒《ぜっぽう》鋭く国家による経済への介入を批判してきた人たちが、いきなり国家に頼ろうとする。今度は「困ったときに政府はどこにいる?」と文句を言いはじめる。

この矛盾はいまにはじまったことではない。金持ちは昔から政府と仲が悪かった。金持ちは、自分たちの懐を潤すことを政府が邪魔するのではないかと恐れる一方で、政府を心底必要としている。

市場社会は格差を生み出す。莫大な富がひと握りの人に集中し、その傍《かたわ》らには困窮と貧困にあえぐ大勢の人がいる。

あまりに大きな格差は、金持ちと権力者を不安にさせる。もし怒りの葡萄が膨らんで畑を埋め尽くし、絶望した大衆が金持ちの屋敷の周りに集まって金持ちを脅かしたなら、そのとき金持ちを守れるのは国家以外にないだろう。しかし、国家が大衆を鎮圧できるほどの強い力を持てば、金持ちから財産を没収して路上に放り出すこともできるようになる。

必要な寄生虫
――経済はすべての人に頼っている

国家への批判として最もよく聞くのは、富は個人の才能と努力によって生み出されるという主張だ。だから税金は、個人が汗水たらして手に入れた正当な所有物を、不当に没収する行為だというわけだ。

だが、これほど的外れな主張はない。わけを知りたければ、市場社会のはじまりに戻ってみよう。農奴が先祖代々の土地から追い出された、あのときに。

領主はどうやって農奴をさっさと追い出したのだろう？　国家が助けてくれたのだ。国王と政府が領主に手を貸し、農奴が抵抗したら鎮圧のための兵士を送り込んだ。

では、市場社会を支える新しい秩序は、どのようにして維持されていたのだろう？　マンチェスターやバーミンガムやロンドンのスラム街で大勢の人たちが人間らしさを奪われた暮らしを送っているとき、どうやって、そこからほんのいくつか通りを隔てた場所で、ひと握りの金持ちが贅沢《ぜいたく》に暮らしている状態が保たれていたのだろう？

簡単に言えば、個人の富は国家の武力によって築かれ、維持されていた。

政府が権力者たちに与えたのは武力だけではない。国家がその歳入を使って輸送のための道路やトンネルや橋をつくるときも、病院や学校をつくって労働者に医療と教育を届けるときも、困窮している人や失業者を助けるときも、市や町を警察で守り社会を安定的に機能させようとするときも、どんな活動を行うときでも、国家は権力者が富を追求できる環境を届けてきた。

国家はいつも金持ちに役立つ保険を与えてきた。そして金持ちはあの手この手でそうしたコストの負担を避けてきた。

実際には、富を追求できる環境を与えることができるのは国家だけではない。富は、人々の協力と知識の積み重ねによって、集合的に生み出されてきた。

労働者には雇ってくれる起業家が必要で、起業家はものを買ってくれる労働者が必要だ。起業家はおカネを貸してくれる銀行が必要で、銀行は利子を払ってくれる起業家が必要だ。銀行は守ってくれる政府が必要で、政府は経済を動かしてくれる銀行が必要だ。発明家はほかの発明家と発明を競い合い、科学者のアイデアを盗み取る。経済はすべての人に頼っている。

公的債務
――それはウイルスではない

権力者や金持ちはいつも、自分たちがより多くの富を手に入れられるような環境を国家に要求するものの、税務署から税金の納付書が送られてくるたびに、愚痴り、嘆き、泣きごとを言い、抵抗する。

権力者と金持ちは国家に影響を与えられるため、面白い現象が起きる。彼らが納める税金は、国家が直接的にも間接的にも彼らのために使う金額よりも少なくなるのだ。また、一般の労働者たちについて言えば、歴史のほとんどのあいだ、彼らには自分と家族を養うだけのぎりぎりの収入しかなかった。そのため、彼らが納める税金の額も、国家が彼らのために使う金額より少ないということになる。

とすると、その差はどうやって埋め合わせるのだろう？

国家債務、つまり公的債務によってだ。では、誰が政府にカネを貸してくれるのだろう？

もちろん、銀行だ！　銀行はどこからおカネを持ってくる？

もう言わなくてもわかるだろう。ミリアムに貸し付けたときと同じで、どこからともなくパッと出す。金持ちの銀行家は節税して得をし、国家が足りないおカネを借りてくれることでさらに得をする。

しかし、テレビを見ていると、政治家はいつも莫大な国家債務に頭を悩ませ、債務を抑えるためのさまざまな公約を掲げている。それを聞いて、公的債務はなにがなんでも避けるべきもので、天然痘のウイルスのように永遠に根絶する必要があると思ってしまってもおかしくない。

国家を民間企業の敵と批判する人たちは、国家が身の程をわきまえず収入以上に支出すると大惨事が起きると言う。だが、そんなのはたわごとだ。

もちろん、公的債務があまりに増えすぎると大問題が起きることもあるが、少なすぎても問題なのだ。なぜか？　魚が水がなくては生きられないように、市場社会において銀行は公的債務がなければ生きられないからだ。公的債務がなければ市場社会は回らない。

それは「機械の中の幽霊」である

政府がおカネを借りるときのことを考えてみよう。

たとえば、10年間1億ポンドを銀行から借りると、政府は借用証書を銀行に渡す。それは、10年以内に政府が元本を返済し、加えて毎年たとえば500万ポンドの利子を支払うことを法律で保証するものだ。

この借用証書は国債《ボンド》と呼ばれ、この借用証書を持っていれば誰でも10年間は政府におカネを貸していることになる。

金持ちたちは政府が借り入れなしでやっていけるほど十分な税金を払いたがらないので、国は債券を発行して銀行や金持ちに「販売」し、国家運営に必要な費用を賄《まかな》うことになる。そして政府は道路、病院、学校、警察といったさまざまなものにそのおカネを使う。政府が備品を買ったり、給料を支払ったりすることで、直接に経済を循環させ、銀行も含めてすべての人がその恩恵にあずかることができる。

しかし、公的債務が銀行の得になる理由はこれだけではない。銀行が何より嫌うのは現金だ。金庫の中やスプレッドシート上に眠っている、利子を生まないおカネを、銀行は何よりも嫌がる。しかし、預金者が一度に預金を返してくれとやってきたら、銀行は脆《もろ》くも崩壊することもわかっている。だから、預金者が預金を引き出しにきたときのために、すぐに現金に換えられる何かを手元に置いておく必要がある。国債はそれにぴったりなのだ。人々が政府を信じている限り、国債にはかならず買い手がつく。その意味で、国債は特別だ。これほど安全で換金しやすい債権はほかにない。だから銀行は国債が大好きなのだ。

安全に利子を稼いでくれるし（ほかの銀行からおカネを借りるときの担保にもなるし）、商品としても使える。絵画やクラシックカーといった財産のように、現金が必要になったときにはすぐに売ることができる。国債は、金融の世界では「最も流動性の高い資産」と言われる。国債は金融システムの潤滑剤として、歯車を回し続けてくれる道具なのだ。

実際、銀行が政府に泣きつき、中央銀行に救済を求めると、これまでに見てきたように、政府はこれに応えて新しいおカネを生み出すだけでなく、さらに国債を発行し、それを使って外国の銀行からおカネを借り、国内の銀行に回す。

公的債務が普通の債務をはるかに超える大きな存在だということがわかってきただろう。国債は市場社会における力関係の表れであり、金持ちが国家運営の費用を負担してくれないことへの対応策なのだ。

また国債は、何かが起きたときに大惨事を避けるための緩衝材《かんしょうざい》にもなる。公的債務とは、すべてのものをひとつに束ねるゴムのようなもので、危機のときには金融システムの崩壊を防ぐ網になってくれる。

人間がはじめて夜空を見上げて、その壮大さに圧倒されるのはなぜだろうと感じて以来、人の心の奥底には、感動や畏《おそ》れや希望を生み出す何かがあることを、われわれはたしかに知っている。

哲学者や作家は、その「何か」が、人間を人間たらしめる目に見えない力だと言う。そしてその何かを「機械の中の幽霊」と呼ぶ人もいる。

政治家や経済学者やコメンテーターが公的債務をまるで忌《い》むべきもののように話していたら、思い出してほしい。公的債務は良くも悪くも、市場社会という機械を動かしている「機械の中の幽霊」だということを。

金持ちやその代弁者が国家をこき下ろし、政府と公的債務をバカにしていたら、彼らが腎臓や肝臓と同じくらい、国家を必要としていることを思い出してほしい。

だがさらに……

銀行の黒魔術は市場社会を不安定にする。景気のいいときには莫大な富を生み出し、不景気になると富を破壊する。そうやって、権力と富をひと握りの人の手に配分し、その富を奪う。

とはいえ、銀行はただの増幅器でしかない。市場社会が不安定である根本原因は別にある。原因のもとを深く探っていくと、ふたつの特殊な「商品」の奇妙な性質に行き着く。そのふたつとは、労働力とマネーだ。

次の章では、古代の神話を通して、このふたつを読み解いていこう。

第5章 世にも奇妙な「労働力」と「マネー」の世界
——悪魔が潜むふたつの市場

1989年、経済学の博士号を取ったばかりの友人のワシリーから連絡があった。職探しに苦労していて、まったく仕事が見つからないという。毎月少しずつハードルを下げていき、かなり程度の低い仕事にも応募してみた。それでも、仕事にありつけない。

ワシリーは夢も希望もなくして、イギリスからオーストラリアに引っ越したばかりの私に、こう書いてきた。「やけくそになって悪魔に魂を売ろうとしたのに、いらないって言われたようなもんだ！」

失業した人たちが、食べていくために劣悪な労働に身を落とそうとしても雇ってもらえなければ、そんな気持ちになるものだ。君にはそんなことになってほしくないし、そうはならないと思いたいけれど、そんな立場の人たちが世の中にはあふれるほどいることもわかってほしい。また、世の中にそんな人がいることを頑《かたく》なに否定する人たちに影響されてほしくもない。

でもまずは、なぜ彼らが、どんなに頑張っても仕事にありつけない人たちがいることを否定するのかを説明しよう。今度は別の友だちのアンドレアスの話をする。

アンドレアスはパトモス島にある素敵な別荘を売却できないと愚痴っていた。私は10ユーロ〔約1300円〕なら買ってもいいよと言った。アンドレアスは皮肉を理解して笑った。私は、値段さえ下げればどんな家でも売れるだろうとからかったのだ。

だが、失業についても同じように考える人がいる。選ばなければ仕事なんていくらでもあるだろう、と。

失業を「否定」する人たち

被害者に対して被害者づらをするなと言うことほど、相手を傷つけることはない。

それはいじめっ子のよく使う手口だし、女性たちは大昔からそう言われて苦しんできた。この本のいちばんはじめに話したことについても、同じ考え方をする人がいる。アボリジニが虐《しいた》げられてきたのはアボリジニのせいと考える人たちだ。

「失業否定派」の人たちは、こんなふうに考える。

失業者が働いて何らかの価値を生み出せるとしたら、雇用主はその労働に対して何かしらの報酬を支払うはずだ。つまり私がアンドレアスに、10ユーロならパトモス島の別荘を買ってもいいと言ったように、月50ユーロならワシリーを雇ってもいいという雇用主がいるはずだ。ワシリーが月50ユーロでは働きたくないのなら、仕事がないとは言えない。アンドレアスの別荘と同じで、ワシリーも、自分が望む給料の仕事がないだけだ。もっと高い値段をつける買い手を待つのも、もっといい給料の仕事が見つかるまで待つのも、その人の勝手では？

「月に50ユーロでは食べていけないし家賃も払えない」とワシリーが抵抗すれば、「失業否定派」は肩をすくめて、「アフリカにははるかに少ない収入で暮らしている人がいる」と責める。要するに、高望みするなと批判しているわけだ。

そんな主張はひどく意地悪で心が狭い。意地悪かどうかはさておいても、この主張には、実際に深刻な欠陥がある。アンドレアスが家を売ることと、ワシリーが労働力を売ることは違うということを理解しなければならない。

アンドレアスやほかの誰かが家を売る場合、値段をどんどん下げていけば、いつか買い手が見つかる。

だが、ワシリーやほかの失業者がみんな希望を下げて雀の涙ほどの給料で働こうとすると、さらに仕事を見つけにくくなる可能性があるのだ。

ここで別の例を見てみよう。２００年以上前のフランス人哲学者、ジャン＝ジャック・ルソーが考えた寓話だ。

狩人のジレンマ
——全員で鹿を狙うか、ひとりでうさぎを狙うか？

森の中にいる狩人の集団を思い浮かべてみよう。

装備は網と弓矢だけで、鹿狩りにやってきた。鹿を仕留めて家族でご馳走を囲もうと思っている。見通しのいい場所で鹿を見つけた狩人たちは静かに近づいていく。みんなで鹿を囲い込み、網で生け捕りにしてから弓矢で殺すつもりなのだ。遠くからでは獰猛《どうもう》な雄鹿を彼らの軽い弓矢で射止めて殺すことはできない。

鹿に気づかれないように、ゆっくりと周囲を取り囲むには時間がかかる。仕留められないうちに陽が落ちてしまったら、家族はお腹を空かせたまま夜を過ごすことになる。それに、集団のうちのひとりでもへまをしでかしたら、鹿に逃げられてしまう。

では今度は、同じ森にたくさんのうさぎがそこにもここにも跳ねまわっているとしよう。狩人は軽い弓矢で簡単にうさぎを仕留めることができる。でもうさぎ一匹では、一家族の夕食一回分にしかならない。鹿なら仲間全員が数日間食べていける。だが狩人の中のひとりでもうさぎに注意を向けたら、鹿を仕留めることはできない。

これが狩人のジレンマだ。

全員で鹿を仕留めて、美味しい夕食をつくり、歌を歌い、喜び、満腹で眠り、満足し、何年も同じことを繰り返せれば、それに越したことはない。全員が鹿狩りに集中していると全員が信じられれば、みんなが最善を尽くし、誰も跳ねまわるうさぎに気を散らすことはない。

しかし、狩人のうちひとりでも、誰かがへまをしでかすのではないかと気をもみはじめると、失敗への恐れが高まり、うさぎに気持ちが向いてしまう。何も持たずに家族のもとに帰るより、うさぎを獲ったほうがましという気になる。すると、みんなが鹿をあきらめてうさぎを獲ろうとする。
ここで大切なのは、次のポイントだ。

・狩人たちは、それぞれうさぎを追いかけるより、みんなで協力して鹿を仕留めるほうがいいと思っている。
・狩人たちは、ほかの仲間がみんな鹿狩りに集中していると確信できれば、それぞれ自分も鹿狩りに集中できる。
・全員が完全に心をひとつにして鹿を仕留められると信じられたら、完全に心をひとつにして鹿を仕留められる。反対に、もしそう信じられなかったら、仕留められない。

これは「楽観主義の力」を示す好例であると同時に、「悲観主義の悪魔的な引力」を示す好例でもある。

鹿狩りでは、狩人の予想が現実になる。それがルソーの寓話の核心だ。全員が協力しなければ目標を達成できないのであれば、成功には個々人の協力だけでなく、個々人がみんなも協力するだろうと信じていることが必要になる。

なぜ、労働者は家や車やトマトと違うのか？

——ワシリーを雇うシンプルな理由

ルソーが語った鹿とうさぎの話は、労働市場とそのほかの市場の違いを描くものだ。アンドレアスとワシリーの事例がどう違うのかが、この寓話からわかる。

まず、アンドレアスが別荘を買った理由は、美しいパトモス島で楽しい週末や夏休みを過ごしたかったからだ。真っ赤なフェラーリを買う理由も同じ。運転を楽しんで、目立ちたい（フェラーリを運転する自分を誰かに見てほしい）からだ。トマトも同じ。腐っていなければ、トマトはおいしくてお腹を満たしてくれる。別荘も車もトマトも、その交換価値はそれぞれの経験価値に基づいている。

しかし、この図式は車には当てはまっても、車の修理工の仕事には当てはまらない。トマトには当てはまっても、トマト栽培農家の労働には当てはまらない。そしてワシリーにも当てはまらない。パトモス島の別荘や赤いフェラーリやトマトと違って、修理工や農家やワシリーの労働力それ自体を欲しがる人はいないからだ。

ここで、冷蔵庫メーカーの経営者、マリアについて考えてみよう。マリアはワシリーを雇おうかどうか考えている。ワシリーを雇うとしても、それはワシリーが側にいるとうれしいとか、そういった何らかの経験価値があるからではない。ワシリーを雇うかどうかは、ふたつの交換価値の比較で決まる。

ひとつは、ワシリーが冷蔵庫の製造に貢献することで増える売上という交換価値。もうひとつは、ワシリーを雇うことで発生する給料とその他もろもろの費用という交換価値だ。このふたつを差し引きしてみる。

ワシリーを雇えば、これまでよりも月に5台多くの冷蔵庫がつくれるとしよう。追加の5台の冷蔵庫を買ってくれる消費者がいて、5台の売上の合計がワシリーに支払う給料その他の費用よりも大きくなると確信できれば、マリアはワシリーを雇う。

つまり、ただ冷蔵庫を欲しがっているだけでなく、それなりの金銭的余裕があって冷蔵庫を欲しがっている消費者が少なくとも5人は店に来るとマリアが自信を持てるかどうかで、採用が決まるということだ。

マリアのようなほかの事業経営者たちも、先行きを明るいと感じ、消費者がこれからも自分たちの製品やサービスに十分なおカネを払ってくれると信じられたら、ワシリーやほかの失業者を雇い入れるだろう。

すると、ワシリーたちの収入は上がり、彼ら自身が冷蔵庫や自転車やそのほかのいろいろなものを買えるようになる。そうやって、マリアの楽観的な見通しは現実のものになる。

しかし、マリアたちが先行きに不安を感じ、売上の見込みが立ちそうにないと思ったら、ワシリーたちを雇うことはない。すると労働者の収入は増えない。冷蔵庫の市場は冷え込んだままで、マリアたちの悲観的な予想が現実のものになる。

先行きへの楽観と悲観
――ワシリーを雇わない複雑な理由

もちろん、私がいま言ったことなんて、ビジネスウーマンのマリアはよくわかっている。それでもなお、人を雇うか雇わないかの判断は難しい。ある晩マリアは悩みながらベッドに入る。ワシリーたちを雇って冷蔵庫の事業を拡大するかどうかで頭はいっぱいになっている。

なかなか眠れないマリアはメールでも見ようとパソコンを開く。すると最新のニュースが飛び込んできた。興味深い見出しにマリアの目が釘付けになる。「労働組合は、雇用促進のため賃金の2割カットを受け入れると宣言」。その隣の社説では、労働組合のリーダーが「失業否定派」の説に納得し、賃金を下げれば失業者が職に就けると考えたと説明している。この記事を読んだマリアはどうするだろう？

失業否定派は、マリアが大喜びするに違いないと考える。

「やった、給料が2割も安くなるならワシリーみたいな人を何人も雇える！　明日の朝イチでみんなを採用しよう！」そして安心して眠りにつく、と考えているわけだ。

もちろん、ほかのことがすべてそのままなら、どんな雇用主も賃金が安くなれば大喜びするだろう。問題は、ほかのすべてがそのままであり続けるはずがないということだ。一律に賃金が下がれば劇的な変化が起きる。中でもいちばん変わるのは、消費者の購買力だ。

マリアが賢い経営者なら、こう考えるだろう。

「大変！　労働組合が賃金を2割も下げていいと言ったら、労働者の暮らしはますます厳しくなるはず。もちろん、私の払う給料が2割も少なくなるのはありがたいけれど、そんなに低賃金だと冷蔵庫を買うおカネもなくなるんじゃない？」

もしマリアが特別に優れた経営者なら、さらにここまで考えるだろう。

「いまは冷蔵庫を買ってくれる消費者がいると私は思うけれど、このニュースを見たほかの経営者は先行きに確信を持てなくなるに違いない。ほかの経営者が採用を止めたら、冷蔵庫を買う人は減る。それなら私も採用を止めたほうがいい」

そして、おそらくマリアはワシリーを雇わない。

先ほどの狩人のたとえと同じで、市場社会で利益を出そうともがいている起業家は、ほかの多くの人たちがどう考えているかを憶測し、その憶測に動かされる。

集団全体が楽観的なら、楽観的な憶測が現実になる。集団全体が悲観的なら、悲観的な憶測が現実になる。全員がそのことを意識すればするほど、予想した未来が現実になる可能性は高まっていく。狩人の寓話のように、うさぎより鹿を狩るほうがいいとわかっていても、結局うさぎを獲ることになってしまうこともある。

だから、失業否定派は間違っている。労働市場は労働力の交換価値だけで動くものではない。経済全体の先行きに対する楽観と悲観に左右されるのだ。だから一律に賃金を下げても雇用は増えないし、逆に失業が増える可能性もある。

悪魔が潜む場所
――「マネー・マーケット」とは何か?

1929年の大恐慌や2008年の金融危機のような、深刻な経済危機が教えてくれることは、銀行の持つ黒魔術の力だけではない。黒魔術のほかに、市場社会には2種類の悪魔が潜んでいることを、経済危機は教えてくれる。

先ほどちらりと見たのは、そのうちのひとつで、労働市場に潜む悪魔だ。ここでもうひとつの悪魔を見てみよう。こちらの悪魔が潜む場所もまた、一風変わった市場だ。それが、マネー・マーケット、つまり短期金融市場である。

「マネー・マーケット？　何それ？　おカネを売ったり買ったりする人がいるの？」

いや、マネー・マーケットではおカネが売買されるわけではない。為替《かわせ》取引はまた別の話だ。マネー・マーケットは、おカネを貸し借りする場所だ。労働市場も同じで、厳密にいえば労働者は自分の時間を貸しているのであって、自分自身を売りに出しているわけではない。

前の章で、ミリアムのような起業家がおカネを借りるとき何が起きるのか、借金がどのように経済の原動力になるのかを見た。また、どうして銀行があれほど熱心におカネを貸し出し、ときとして経済を破綻の淵に追いやってしまうのかも説明した。

起業家がどうしてはじめにおカネを借りなければならないのかは、もうわかっただろう。どんな事業も、まず先立つものがなければはじめられないからだ。しかし、ミリアムのような起業家がどれくらいの金額を借りるのが適切か、それをどう判断するかについてはまだ話していなかった。

おカネもほかの商品と変わらないと言い張る人は多い。

彼らの理屈は単純だ。ミリアムがいくら借りるかは、彼女がいくら必要で、いくらまで借りる余裕があるかによって決まるという。

ミリアムの場合、自転車の車体を製造する装置を買い入れるために50万ポンドが必要だった。ミリアムがその金額を借りる余裕があるかどうかは、おカネをどれくらいの金利で貸してもらえるかによって決まる。

つまり、マネー・マーケットを全体として捉えると、金利が低ければ低いほど借金のコスト（＝おカネの値段）は下がり、ミリアムのような起業家はたくさんのおカネを借りられるようになる。

逆に金利が高くなればなるほど、借金のコストは上がり、起業家が借り入れる金額は下がるはずだ（金融危機が起きると中央銀行が金利を引き下げるのは、ミリアムのような人たちにおカネを借りやすくさせて、事業を継続するのを助け、立ち直りを促したいからだ）。

だから、理屈通りに行かない

——先読みが市場を混乱させる

だが残念ながら、そんなふうに考えるのは「失業否定派」と同じような人たちだ。そして、今回の理屈も同じように間違っている。

ここで、マリアが、ワシリーを雇ったほうがいいかどうかについて頭を悩ませながらベッドに入った夜に戻ろう。眠れないマリアがパソコンを開くと、今度は次のようなニュースが飛び込んできた。

「中央銀行が大幅な金利引き下げに踏み切る予定」

さて、マリアはどうするだろう？

「やった！　もっとおカネを借りて従業員を雇って冷蔵庫をもっとつくろう！」と考えるだろうか？　それとも「中央銀行が金利を大幅に引き下げるってことは景気がすごく悪いほうに向かってるってこと。従業員なんて雇ってる場合じゃない！」と考えるだろうか？

もうわかったと思うが、これも鹿狩りのたとえと同じだ。

不景気の最中に賃金を一律に引き下げても、雇用は増えないどころか逆効果になりかねない。金利の引き下げも同じで、金利を大幅に引き下げなければならないほど景気が悪いのだと受け止められ、起業家は先行きを案じる。狩人たちが鹿をあきらめてうさぎを追いかけるのと同じ現象が起きる。

私の言いたいことが君にも伝わったと思う。

市場社会の中にある最も基本的なふたつの市場、つまり「労働市場」と「マネー・マーケット」の奥底には悪魔が潜んでいる。この悪魔たちが、景気の回復を妨《さまた》げるためにあくせくと動いているのだ。

この悪魔の存在がどんな悲劇を引き起こすかについて、ここでまた別の物語を紹介したい。君はまたかとうんざりするかもしれない。私は何でもギリシャ悲劇に結びつけてしまうから。だがこの話から、この悪魔たちが人々にどんな結末をもたらすかがわかってもらえると思う。

予言は自己成就する
——もしソポクレスが経済の教科書を書いたら?

『オイディプス王』については聞いたことがあるだろう。ソポクレスの有名な戯曲だ。この戯曲はオイディプスの神話がもとになっている。オイディプスは、テーバイの王様であるライオスを自分の父親と知らずに殺し、王妃と結婚する。王妃はもちろん自分の母親だが、オイディプスはそのことを知らない。

このソポクレスの戯曲の面白い点は、「予言の力」が物語の核心にあるところだ。

まず物語のはじめから説明しよう。

テーバイ王ライオスは妻のイオカステが懐妊《かいにん》したと知り、予言者に子どもの未来を予言してもらう。予言は恐ろしいものだった。ライオスは「息子に殺される」というのだ。

ライオスは恐れ、イオカステに、子どもが生まれたらすぐに殺すよう命令する。しかし、イオカステは息子を殺すことができず、召使に赤ん坊を渡して殺してほしいと頼む。だがその召使もまた、か弱い赤ん坊を殺すことができず、山頂に置き去りにする。飢えと寒さで自然に死ぬだろうと思ったのだ。

しかし、親切な羊飼いが赤ん坊をすぐに見つけてオイディプスと名付け、コリントスに連れ戻る。そこで、赤ん坊は跡継ぎのいない王様の養子として迎えられる。

時が過ぎ、オイディプスはコリントスの王が自分の実の父親ではないことに気づき、予言者に実の親について訊ねる。予言者はその質問には答えず、別の恐ろしい予言をする。「おまえは母親と結婚するであろう」と。恐れたオイディプスは、そんな運命から逃れようとして、コリントスからできるだけ遠くへと旅をする。

失意の旅のあいだに、オイディプスはテーバイを通りかかる。道が交差する場所で偶然にライオス王と鉢合わせ、どちらが道を譲るかで争いになる。そして、オイディプスはライオスを殺してしまう。第1の予言がここで現実のものになった。

その後、オイディプスはスフィンクスの謎を解き、怪物からテーバイの国を救った救世主となる。スフィンクスの謎を解いた救世主がこの都市国家の支配者になるとの予言どおりに、オイディプスはテーバイの王となり、慣習に基づいて前国王の未亡人であるイオカステと結婚する。ここで、第2の予言が実現される。

では、この物語が労働市場とマネー・マーケットにどんな関わりがあるというのだろう? 予言は自己成就するという物語のテーマそのものが、労働市場とマネー・マーケットに当てはまるのだ。

第1の予言を聞いてさえいなければ、ライオスはオイディプスを殺すよう命じることはなく、オイディプスはテーバイで実の両親のもとに育ち、父親を殺すことはなかった。

第2の予言についても同じだ。母親と結婚することになると予言者が告げていなかったら、オイディプスがコリントスを離れることはなく、父親と道で鉢合わせすることも、スフィンクスの謎を解くこともなく、テーバイの王にもならず、母親と結婚することもなかったはずだ。

労働市場とマネー・マーケットを動かしているのも、これと同じ予言の力である。このふたつの市場の参加者はみな、悪い予言を自ら実現しがちなのだ。

そして、そんな自己破壊の傾向は世界に悪影響を与える。ミリアムやマリアやその他数多くの起業家が賃金や金利の引き下げというニュースを聞くと、経済活動が低調になると予想したり、不況が続くと思ってしまう。するとおカネを借りなくなったり、従業員を雇わなくなったりする。

その結果、賃金も金利も上がらず、さらに下がったりして、自分たちの予想が現実のものになる。景気は回復するどころか、悲観的な予想に引きずられてますます悪くなる。

もしソポクレスが経済の教科書や経済コラムを書いていたら、市場社会の本質と難しさの原因が、いまよりはるかにわかりやすいものになっていたに違いない。

悪魔は「人間らしさ」そのもの

家、自動車、食事、娯楽は、そのもの自体がご褒美であり、それ自体が目的になる。しかし、従業員を雇ったりおカネを借りたりすることは、手段であって目的ではない。起業家は、交換価値のあるものを生産するために仕方なく労働力やおカネを借りているのであって、もし借りなくていいのなら、飛び上がって喜ぶだろう。

経済が社会の「エンジン」で、借金が「燃料」だとしたら、労働力はエンジンに点火するための「火花」で、おカネはエンジンを滑らかに動かし続けるための「潤滑油」だ。

労働力とおカネにはエンジンを動かす力がある一方で、エンジンを止める力も、再起動を阻《はば》む力もある。つまり、失業否定派たちが信じているような、すべてがスムーズに機能する世界を阻むのが、労働力とおカネなのだ。賃金が下がれば失業がなくなり、金利が「適正レベル」に低下すれば、貯蓄が雇用や投資に変わるといったシンプルな世界は、このふたつの悪魔のせいで実現しない。

このような悪魔を手なずけて、意のままにあやつることはできないのだろうか、と君が考えたとしてもおかしくはない。予言の自己成就を断ち切り、悲観的な予想が現実になる悪循環を止める手立てはないのだろうか？

たとえその手立てがあるとしても、簡単にはいかないと思ったほうがいい。

市場社会を苦しめている、労働市場とマネー・マーケットに潜む悪魔は「人間らしさ」

しまう。

そのものだからだ。

人は誰しも自分と他人の行動を振り返り、他人の心を推し量ってその行動を予想するものだ。また、どんなに賢く、どんなに知恵があっても、自分を守りたいという短期的な衝動に勝てない。あとで自分の首を絞めることになるとわかっていても、つい衝動に従ってしまう。

そんな不合理で矛盾した人間の振る舞いと、経済という機械をスムーズに動かしていくことを両立させるには、社会全体を考え直し、大幅につくりかえる必要がある。18世紀のイギリスで起きた「大転換」と同じくらい過激な社会変革が必要なのだ。

いま、われわれはそんな大転換の最中にいる。デジタル化と人工知能による機械化と自動化が社会を根本から変えている。

しかし残念ながらこの変革は、解決とは反対の方向に社会を向かわせている。変革の目標が人間と機械を調和させることではなく、人間を機械に置き換えることになってしまっているのだ。この変革は、人間らしさを犠牲にするものかもしれない。しかし同時に、ここには救済のヒントもある。

第6章

恐るべき「機械」の呪い

――自動化するほど苦しくなる矛盾

19世紀はじめのある夜のこと。漆黒の暗闇の中。作家のメアリー・シェリーや詩人のバイロン卿など数人の作家仲間がスイス郊外の邸宅に集まった。その夜は、一晩中稲妻が光り、雨が降っていた。雷鳴が轟き大きな雨音が屋敷に響く。揺れるろうそくの光の中、作家たちはコンテストを開くことにした。一人ひとりが怪談を書き、どの作品がいちばん恐ろしいかを決めるのだ。

そこでメアリー・シェリーが思いついたのが、死が身近だったこの時代に、生命の謎を解き明かそうとする善良な医師、ヴィクター・フランケンシュタイン博士の物語だった。

当時は、コレラやインフルエンザや栄養失調で、多くの人が命を落としていた。優秀な科学者のヴィクターは、死に打ち勝とうと決心した。最愛の妻が病の床に伏し、ヴィクターの決心はますます固くなる。

死に打ち勝つにはまず、死を理解する必要がある。命を支えている仕組みとは何か、ただの血肉を人間という存在に変えているものとは何かを解明しなければならない。そう考えた彼は、死体を使って実験をはじめた。ある死体からは臓器を、別の死体からは頭を、また別の死体からは手を、といったふうにさまざまな人体の部位を縫い合わせてみた。

ヴィクターは、縫い合わせた死体に電気という魔法の力を吹き込めば命が生まれると考えた。死体から生きた人間を生み出せるとしたら、死に打ち勝つことも不可能ではないと考えたのだ。

そしてある日突然、ヴィクターのつくった生き物が動きはじめた。死体に命が宿り、手術台から起き上がり、歩きはじめたのだ。この怪物はすぐに愛情を求めはじめた。ヴィクターは自分が生み出した怪物を恐れ、忌み嫌い、怪物を置き去りにして、その場を逃げ去ってしまう。

ヴィクターが生み出した怪物は社会のつまはじきとなり、捨て去られ孤独になった仕返しに人間を殺しまわる。ヴィクターの妻も犠牲になった。

最後に、かつては善良な医師だったヴィクターは、自分が生み出してしまった人間の敵を自分の手で始末しようと北極まで追いかけるが、怪物を追ううちに衰弱死してしまう。

「機械がすべてを解決する」という夢

メアリー・シェリーがフランケンシュタインの物語を執筆した時代、ヨーロッパではまだナポレオン戦争が終わったばかりだった。イギリスやアムステルダムでは市場社会が芽生えていたが、そのほかの場所は、市場社会にはまだ遠かった。

バイロンとシェリーとその仲間たちはロマン主義時代の作家ではあったが、歴史の鼓動を捉えていた。シェリーの小説は未来を見通すもので、テクノロジーが社会に与える恐るべき影響を懸念していた。

先の第3章では、利益について、それ自体が目的になっていく過程を見た。

起業家は生産をはじめる前に借金をせざるを得ず、生き延びるために利益が必要になった。利益が出せなければ、一生貸し手の奴隷になってしまう——フォースタス博士が最後にはメフィストフェレスの奴隷となったように。

利益を生み出すには、ほかの起業家と競争して顧客を獲得しなければならない。顧客を獲得するには、製品の値段を下げなければならない。値段を下げるには、同じ賃金でより多くの製品を生産し続けなければならない。

機械工学やテクノロジーの発明がこの生存競争に役立つとわかるとすぐに、こうしたテクノロジーは生産に利用されるようになった。

ジェームズ・ワットが蒸気機関を発明し、そのあとに多くの発明が続いた。こうしたテクノロジーは市場社会に欠かせないものとなった。市場社会では利益追求と企業競争が目的になったからだ。

仮にワットが古代エジプトでファラオのもとに暮らし、蒸気機関を発明していたとしよう。そしてファラオに発明を見せたらどうなっていただろう?

せいぜい、ファラオが感心して宮殿に蒸気機関を1台か2台置き、自分の帝国がいかに素晴らしいかを訪問客に見せるくらいが関の山だったろう。利益を追求する起業家が存在せず、王が無数の奴隷を意のままに使えた時代には、農場や作業場にワットの蒸気機関は必要なかった。まして工場など誰にも要らなかった。

だが起業家にとっては、新しい機械を手に入れればライバルよりも労働者あたりの生産性を上げることができる。ただし、ほかの起業家が同じことをしはじめたら、もちろんその優位性は打ち消されてしまう。さらに、やがては最先端の起業家がテクノロジーの新たなイノベーションを起こし、それが業界のスタンダードになる。それが繰り返されたおかげで、人類は大量の機械奴隷を手に入れ、われわれの生活のあらゆる場面に機械が使われるようになった。

機械が人間のために面倒な仕事を片付けてくれるようになると、すべての退屈な仕事が機械化される日を人間は夢見るようになる。仕事や雑用のない社会で快適に暮らしたいと思うようになる。

テレビドラマの『スタートレック』のように、人間が宇宙を探検し、宇宙船エンタープライズ号の中で哲学的な議論に熱中し、壁の中から自動的に食事が出てきて、洋服から楽器から宝石まで、乗組員が必要とするものが何でも複製されるような世界を望むようになる。

フランケンシュタイン症候群
——自ら生んだ機械に殺される

でも、ちょっと待ってほしい。現実はそんな方向に向かっていないのでは？　どんな工場にもオフィスにも店舗にも機械が入り込み、多くの製品を生み出し、われわれの人生を変えてきた。だが、貧困や飢えや格差や雑用はなくなっていないし、将来への不安もなくなっていない。

では、これから格差や貧困や不安がなくなっていくのだろうか？

ある意味、世界はそれとは逆の方向に向かっているようだ。機械は休むことなく働いて、驚くべき製品を大量につくりだしているが、われわれの生活は楽になるどころかますますストレスの大きなものになっている。

子どもを鎖でつないで働かせるようなことはもうなくなったとはいえ、企業はイノベーションによる競争を強いられ、われわれのほとんどはテクノロジーに縛りつけられ、テクノロジーに追いつかなければとますます焦っている。

いまの人たちの多くは、昔よりも程度の低い仕事に就いていて、以前よりはるかに不安定な状況に置かれている。昔よりもいまの人のほうが、子どもたちの世代が、退屈でも食べていけるだけの仕事に就けるかどうかを不安に思っている。われわれは回し車の中のハムスターのようだ。どれだけ速く走っても、どこにもたどりつかない。

どうも機械はわれわれのために奴隷のように働いているわけではないようだ。人間はむしろ機械を維持するために必死に働いているように見える。

その点で、メアリー・シェリーの小説は現代への警告のようにも読める。よほど気をつけていないと、テクノロジーは人間に仕えるどころか、怪物となって人間を奴隷にし、恐怖に陥れ、破壊さえしてしまう。

人間の英知から生まれたものが、人間に牙を剝《む》き、悲劇的な結末をもたらすことになりかねない。フランケンシュタイン博士が死体からつくりだした怪物が社会を恐怖に陥れたのと同じように。

物語は人間についてたくさんのことを教えてくれる。グリム兄弟の童話『おいしいおかゆ』から、ゲーテの『魔法使いの弟子』、そして『ブレードランナー』や『ターミネーター』といった映画に至るまで、工業化がはじまって以来生み出されてきた文学や映画を見ると、人間は自分たちのつくりだしたものをとても恐れていることがわかる。

こうした物語のうち、市場社会への警告を描いた作品としてメアリー・シェリーのフランケンシュタインに匹敵するのは、映画『マトリックス』だろう。『マトリックス』では、テクノロジーが人間を解放するのではなく奴隷にしてしまう。

マトリックスとカール・マルクス
――市場社会が向かう場所

フランケンシュタイン博士が死体を継ぎはぎしてつくった怪物は、自分という存在への不安に耐えられなくなって人間を殺しまわった。『ターミネーター』では、機械が地球を乗っ取ることをもくろんで人類を根絶やしにしようとした。『マトリックス』はそこからさらに一歩進めて、機械がすでに地球を乗っ取ったあとにまだ人間を生かし続けようとする世界を描いている。

機械が人間を根絶やしにしないのはなぜかというと、人間が地球の資源を使い果たし、地球は黒い雲に覆われて太陽エネルギーが届かなくなってしまったからだ。唯一のエネルギー源が人間の肉体なのだ。人間は特殊な容器に入れられて植物のように水と栄養を与えられ、人間が代謝によって発するエネルギーが機械の動力源となっている。

しかし、たとえ適切な栄養を与えられ最高の状態に置かれていても、人間は他者との関わりや希望や自由が失われると、すぐに死んでしまうことがわかった。そこで、機械はマトリックスという世界をつくりだした。マトリックスはコンピュータが生み出す仮想現実で、奴隷になった人間の脳にその仮想現実が映し出され、機械に乗っ取られる前の生活を頭の中で体験できる。人間は奴隷となり搾取されていることには気づかない。『マトリックス』のような優れたSF映画は、われわれをハッとさせる。それは、こうした映画が現実についての何かを教えてくれるからだ。

『マトリックス』は現代を映し出し、われわれの不安を映し出す鏡のようなものだ。メタファーを通したドキュメンタリーと言ってもいい。『マトリックス』は、もはや人がテクノロジーに支配されていることに気づくことすらできないほどの完璧な機械化や肉体の商品化、心の奴隷化への恐れを映し出している。実際、マトリックスがすでに現実になっていたとしても、われわれにはそれを知りようがない。

19世紀の革命思想家であるカール・マルクスはかつて、生産手段の中でも労働手段、つまり機械や装置は「人間に服従を強いる」と書いた。『マトリックス』は、機械が人間を服従させた世界の完成形を描いているとも言える。カール・マルクスが考えた、市場社会が進化の末にどこに行くのかを、この映画は見せてくれる（マルクスがシェリーの書いた『フランケンシュタイン』に大きな影響を受けたという事実も驚くにはあたらない。経済について優れた著作を残した人たちはいずれも、芸術家や小説家や科学者からアイデアを得ている）。

しかし、経済の中には、人に希望を与えてくれるような、いわゆる「安全装置」が存在するとマルクスは言っている。市場経済には、機械が人間の労働者に完全に取って代わる前に「危機」を発生させるような仕組みが組み込まれていて、その仕組みは労働の機械化が進むにつれて強まっていき、人間が生産からすべて排除されないよう防いでくれるというのだ。

イカロス症候群
――翼を溶かしながら、上に飛んでいく

イカロスの伝説を覚えているだろうか？　イカロスは、ミノス王の迷宮から逃れるために父親のダイダロスが鳥の羽を蠟《ろう》で固めてつくってくれた翼を乱用してしまう。イカロスは太陽に近づきすぎて、蠟が溶け、エーゲ海に墜落する。

市場社会も同じような落とし穴に陥りがちだ。イカロスが苦しみながらだんだんと高く飛んでいくように、経済もゆっくりと痛みを伴いながら自動化に向かう。

18世紀の蒸気機関から現代のロボットまで、さまざまな新しいテクノロジーが登場するにつれ、製造工程から徐々に人間の労働力は締め出されてきた。

人間がテクノロジーに置き換えられるたびに、繊維なり自動車なりの製造コストが少し

ずつ下がり、繊維業界や自動車業界の競争が激しくなるにつれ、価格も下がっていく。そのうちある時点で、テクノロジーが本格的に飛躍し、劇的な変革が起きる。するとマイクロチップやｉＰｈｏｎｅの製造コストがガクンと下がる。

いまがすでにその段階だ。先端の自動車工場、スマートフォンやラップトップの工場では、大量のロボットがほとんどの仕事をしている。人間の手が入る余地はほとんどない。しかし、自動化を支えるのは利益であり、価格がコストを上回らなければ利益は蓄積されない。問題は、３つの力が価格をコスト以下に押し下げてしまうことだ。

まず、「自動化」でコストが下がる。

次に、コストは下がっても、製造企業同士の過酷な「競争」によって価格はそのコストをそれほど上回らなくなる。すると利益は最低限にとどまる。

最後に、工場で働くロボットは製造には役立っても、製品を買ってはくれない。すると「需要」が下がる。

マルクスによると、これら3つの力によって、価格はやがて、製造コストやその他すべての費用を賄えない水準にまで押し下げられる。すると、イカロスと同じように市場社会の翼も溶けはじめる。

自動化が猛スピードで進んでいる現代は、事業が成り立たないほどに価格が下がる可能性が、これまでになく高まっている。

ミダス王の欲望とその副作用
——望めば望むほど反対の結果になる

現実には、次のような展開になる。借金で最新の機械に投資していた起業家は、あてにしていた利益が実現できないことに気づく。多くの製品価格が一斉にコストを下回ると、競争力がなく効率の悪い企業は大きな損失を出して倒産する。銀行に借金を返済できない企業が増えると、それが引き金になって先ほど話した一連の出来事が起きる。つまり、経済の循環が止まり、経済危機が起きる。

経済危機が起きると、人も機械も余るようになる。不要になるのだ。

この時点で生き残っている起業家はふたつのことに気づく。

ひとつは、多くのライバル企業が倒産して、競争が減ったこと。生き残った企業は少し価格を上げることができ、事業が少し上向きになる。

もうひとつは、機械を買うより人間を雇うほうが安上がりになること。人間は食べていかなければならないので、どんな賃金でも仕事につこうとする。不況の最中に、人間は雇用主にとって魅力的な労働力になり、機械に奪われた仕事をいくらか取り戻すようになる。実際に、2008年の金融危機に続く最悪の世界的不況の中で、人間の労働力は国際市場において大々的に復活した。

復讐の神はわれわれ人間に燃えるような激しい欲求を授けたといわれる。企業は、事業から人間という面倒な要素を排除して、機械が生み出した製品を独占的に販売し、利益を得ようと激しく欲している。

人間にそんな欲求を授けた神は、本当に復讐心に満ちていたに違いない。

さわるものすべてを黄金に変えたいと望んだミダス王は、愛する人たちに触れることができなくなり、寂しく孤独な存在になった。

それと同じで、利益に汲々とする企業は、自動化が望みと反対のものをもたらすことに気づく。利益は失われ、最悪の場合は経済危機で倒産に追い込まれることになるのだ。

市場社会の矛盾を表すようなもうひとつの寓話が、有名なシーシュポスの物語である。シーシュポスはゼウスの怒りをかい、巨大な岩を山頂まで押し上げるように命じられた。だが山頂に届く直前に岩はいつも底に落ちてしまう。そしてこの苦行が永遠に繰り返される。

市場社会にもまた同じように、もう少しというところでいつも叶わないことがある。それは、商品の生産から人間という要素を排除することだ。
君はどう感じるかわからないが、私はこの矛盾にほっとする思いを覚える。

「抵抗しても無駄」の反対

メアリー・シェリーが『フランケンシュタイン』を書いたころ、ラッダイトと呼ばれるイギリスの労働者の集団が、木綿工場や羊毛工場で蒸気機関に仕事を奪われたことに抗議して、機械を破壊しはじめた。

ラッダイトは歴史の中で最も誤解されている集団だ。彼らは機械を破壊したが、抗議の対象は機械ではない。ひと握りの人たちだけが機械を所有していることに抗議したのだ。彼らは、テクノロジーではなく社会の仕組みに反旗を翻《ひるがえ》した。

ラッダイトが成し遂げられなかったこと、つまり機械の侵略を遅らせることが偶然にも実現したのが、市場社会が引き起こした経済危機の瞬間だった。自動化と銀行による積極的な貸し付けがひとつになって大不況が起きたときに、それは実現した。つまり「自動化は驚くべきスピードで進み続ける」という現象は、全体像の一部でしかないことがわかる。

もしバングラデシュのTシャツ工場を訪れてみたら、機械ではなく数千人、数万人という労働者が衣類を縫製している光景に君は驚くだろう。

その光景は、チャーリー・チャップリンが1936年に『モダン・タイムス』で描いた光景にそっくりだ。

『モダン・タイムス』でチャップリンが演じる主人公は、工場で組み立てラインを動かし続ける労働者だ。組み立てラインは1913年に発明され、製造工程に革命をもたらした。映画の中のチャップリンは機械のスピードに追いつこうとしてどんどん速く働くことを強いられ、自分が機械のようになり、そのうちタガが外れて大混乱を引き起こし、仕事をクビになって牢屋に入れられてしまう。

SFのようなロボット工場がある一方で、同時に大勢の人が過酷な労働を強いられる工場が存在する現在を見る限り、マルクスは少なくともある点では正しかったようだ。市場社会は技術革新を利用して人間をロボットに置き換えるだけでなく、人間がロボットよりも安ければ、人間を機械代わりにしてしまう。

そしてこの矛盾が、機械との競争において人間に希望を与えてくれる。機械と違って、人を雇えば、人はおカネを循環させ、Tシャツなりほかの製品なりを買うことができる。

だから、仕事が単純化され機械化が進み、賃金が下がりすぎると、ある時点でものが売れなくなる。

そう考えると、労働者が機械化に抵抗することは、雇用主も含めて市場社会全体の得になる。労働者の抵抗が自動化にブレーキをかけ、利益の破壊を防ぐからだ。

もちろん、企業は労働者の抵抗に断固反対するが、一方で労働者が組合を通して団結し、労働時間の短縮と賃金の値上げと人間らしい職場環境を求めることは、〝イカロス症候群〟への防御策になる。市場社会の根底にはそんな矛盾が隠れている。

『スタートレック』のヒーローがしょっちゅう対決しているのがボーグという機械生命体だ。ボーグの狙いはすべての生き物を自分たちと同化させることである。彼らの人間への決めゼリフは「お前たちを同化する。抵抗しても無駄だ！」。

しかし、市場社会ではその反対で、抵抗は決して無駄ではない。

未来の見方を左右する問い
――自ら変革を起こす機械は現れるか？

製造工程を完全に自動化するには、新しい機械を自ら設計、製造できる機械を開発しなければならないと言われる。それは正しい。このところ、大きな交換価値を生み出しているのは、生産ラインで働く人や工場監督者ではなく、設計者だ。

わかりやすい例を挙げると、約600ポンドのiPhoneのコストのうち中国の生産工場にいくのは150ポンドにも満たない。残りは知的財産権のコストとしてアップルの中に留まる。

つまり、もし機械が人間の創造力や、イノベーションを起こして機械やものを設計する能力を模倣《もほう》できないのであれば、マトリックスのような完全に機械化された世界についてのわれわれの推測は意味がなくなる。

今後機械が発達し、そうした仕事ができるようになるだろうか？　この問いにどう答えるかで、未来の見方が変わる。

機械にそれができるのであれば、最先端のロボット軍団が製造工程のすべてを運営するようになると予想してもおかしくない。ロボットが工場労働だけでなく、発明家や設計者や人間に必要な雑用のすべてを管理してくれるようになる。

そうなると、われわれ人間はソクラテスやプラトンやアリストテレスのように、世界のあらゆることの意義について広場で語らいながら生きていくことができる――かつて女性や奴隷が強いられていた汚れ仕事を人間が強いられることもない。

あるいは、人間は自分たちが奴隷にされていることにも気づかないまま、容器に入れられてエネルギー源として使われるはめになるかもしれない。

どのシナリオが現実になるかはわからないが、機械がこれまでにないことや、想像もできなかったことをやるようになる日が近いのはたしかだ。これから数年もしないうちに、電話口の向こうの顧客サービス係が人か機械かを判別することはかなり難しくなるだろう。そうなれば世界中で数百万という雇用が失われる。

巨大企業にとっての「すばらしい新世界」

では、それに代わるような、人間にしかできない仕事が新しく生まれるのだろうか？ そこが問題だ。

もし社会の仕組みがこれまでと変わらず、機械が生み出す利益をひと握りの人たちが独占し続けるとすれば、新しい仕事は生まれないと私は思う。

いまの世界は理想とは程遠く、『スタートレック』の世界とは正反対に、テクノロジーを手に入れた者が自分の利益と権力のためにそれを使っている。

経営者たちの究極の目標は、誰も働かずに済むような社会を実現することではないし、利益がどうでもよくなるような社会を実現することでもない。機械が設計した機械によって、すべての人が平等に社会の豊かさを享受できるようにすることでもない。

経営者の夢は、どの企業よりも先に労働者を完全にロボットに置き換えて、利益と力を独占し、ライバル企業の労働者に自分たちの製品を売りつけることだ。

もし私が正しいとしたら、市場社会が自然にスタートレックの世界のようなお人好しの社会になることはないだろう。巨大テクノロジー企業が説くような理想の社会は訪れない。むしろマトリックスのような社会が待っていることを、私は恐れている。しかしその社会を支配するのは機械ではなく、カネと力のある巨大テクノロジー企業の経営陣だ。

そうであるなら、グーグルやアップルやテスラやアマゾンやマイクロソフトが〝すばらしい新世界〟を、銀の皿に乗せて差し出してくれるのをじっと待っている場合ではない。

では、どうしたらいい？

人間はどこを変えたら機械になるか？

この数十年のあいだに出てきた面白い主張がある。

人工知能がそのうち人間の知能を凌駕するのはたしかだろう。それなら、わざわざ法律や所有権といった社会の仕組みを変えて人工知能の勝利を防いだり遅らせたりしてダメな人間を救おうとするよりも、むしろ反対の方向に行ったほうがいい。喜んで変化を受け入れ、テクノロジーをさらに発展させて、われわれ人間が最先端のアンドロイドと見分けがつかないような「ポストヒューマン」になろう、という主張だ。

言い換えると、機械に勝てないなら、あちら側の一員になればいいということだ。

この物騒な主張が何を意味するかを深く理解するにはまず、ある質問に答える必要がある。自由な意思や固有の精神を持つ人間は、進化したロボットとどう違うのだろう?

1982年に公開された映画『ブレードランナー』で主人公のリック・デッカード(演じたのはハリソン・フォードだ)は、レプリカントと呼ばれるアンドロイドを探し出して破壊する仕事に就いている。

レプリカントは植民地に閉じ込められ過酷な労働に就かされているが、植民地を逃げ出して地球に戻ってくる。人間はそんなレプリカントの強さと知性を恐れ、見つけ出して破壊しようとする。

だがテクノロジーが進んだことで、レプリカントたちは洗練され、人間とまったく見分けがつかない。最先端のレプリカントは感情を持ち自由を欲するようになる。混み合ったロサンゼルスの街中でデッカードが標的を見つけるのはますます難しく、不可能に近くなる。

『ブレードランナー』の主人公デッカードと同じように、この映画を見た人たちは「人間とは何だろう」と考えてしまうはずだ。

仮に、君が耳が不自由で補聴器をつけているとしよう。または脚を失って義足をつけているとしてもいい。それでも君は人間と言えるだろうか？　もちろんだ。臓器を次々と人工物に取り換えていったとしよう。人工心臓、人工肺、人工腎臓、人工肝臓といった具合に。それでもまだ人間だろうか？　もちろん。

では、脳はどうだろう？　脳の特定部位に、ある目的を持ってマイクロチップを埋め込んだとしたら？　いま、パーキンソン病の症状を抑えるために患者の脳に電極を埋め込む治療が施されている。それと同じように、反射を改善するためにマイクロチップを埋め込んだら？　だとしても、まだこれまでどおり、人間と言えるはずだ。

今度は、脳の別の部分を取り換えるとしたら？　そのほかの部分も、また別の部分も、どんどんと取り換えていったらどうなる？

それを続けていくと、どこかの時点で君が君でなくなり、アンドロイドになる瞬間が訪れるはずだ。どの部分を取り換えたら君が君でなくなるのかは、はっきりとは特定できないかもしれない。でも、そのどこかを取り換えたら、君や私が人間でなくなるのは確かだ。

では、君だけでなく、世界中のすべての人が脳や身体の中をどんどんと取り換えていったらどうなる？　世界中の全員がレプリカントのようになったら？　あるいは、マトリックスに奴隷にされるのではなく、マトリックスを動かす機械になったとしたらどうだろう？

ポストヒューマンの未来を夢見る人たちにとっては、それが理想だろう。そんな未来には吐き気がするなんていう気分の問題は脇に置いておくとして、純粋に経済的な観点から見て、こうしたアンドロイドの社会には大きな欠陥があると私は思う。

交換価値の秘密
――ハチの巣の中に交換価値は存在しない

『マトリックス』に戻ってみよう。マトリックスの経済と、いまのわれわれの経済のいちばんの違いは何だろう？　それは、いまの経済では、すべてが交換価値に左右されるということだ。

逆にマトリックスの経済では、交換価値という概念自体に意味がない。

たしかに、マトリックスの世界には複雑な経済が存在する。その経済を維持するには大量の機械が必要で、機械の部品をつねにいいものと交換し、新しいテクノロジーを開発し、新しい機械をつくりだし、仮想世界を生む機械をアップデートし続けなければならない。

しかし、自我を持ち、善悪の意識と自由意思を備えた人間が存在しなければ、機械の交換価値になど何の意味もない。価値を評価する者がいないからだ。

昔ながらの機械式時計を思い浮かべてほしい。時計の中のネジやバネはそれぞれ別々に動いているが、それがひとつに組み合わさって正しい時間を指すようになっている。機械式時計のシステムは、それぞれの部品のエネルギーが複雑に交換されて成り立っている。しかし、部品同士が自主的に価値を交換し合っているなどと考える人はいない。

マトリックスの世界や、レプリカントしかいないポストヒューマンの世界は、時計やラップトップの内側のようなものだ。人間が関わらなくても機械の部品が組み合わされて物事を動かし、壮大な建物や美しい模様や素敵な都市を建設することができる。だが、そこに交換価値は生まれない。

機械がつくり運営する都市国家は社会というよりハチの巣のようなもので、その構成員は市民よりハチに近い。そんな社会は市場社会とは呼べなくなる。「社会」とも呼べないかもしれない。

絶望を見せてくれるのは誰か?

良くも悪くも、テクノロジーが進歩して、人間のほとんどの仕事ができるようなレプリカントがつくりだされるのは時間の問題だろう。

いくらポストヒューマンの世界が経済を支えられない不気味なものでも、だからといってテクノロジーの進歩に反対しても、問題は解決しない。テクノロジーのイノベーションは、われわれを苦役から解放し、クリーンエネルギーを生み出し、命を救う薬をつくってくれる。

はっきり言おう。私はテクノロジーが大好きだし、テクノロジーは人間にも地球にも計り知れない恩恵を与えてくれると思っている。『フランケンシュタイン』を書いたメアリー・シェリーも私と同じように、科学が病気を治してくれることをありがたく思っていたはずだ。

ただし、テクノロジーをありがたいと思うからといって、マトリックスの世界のように人間が次第に発電機代わりにされていくのをただぼんやりと眺めていることがいいとは思えない。少なくとも、そんな行為は経済を維持している存在そのものをむしばんでいくことになる。

とはいえ、このままどんどん機械化が進んで、それが次々と危機を引き起こし、何世代にもわたって失業が続いたり、人間がすべて失業するような状況を防いでくれるのは誰だろう？『クリスマス・キャロル』でスクルージの前に現れたクリスマスの亡霊のように、われわれに機械化された未来の絶望を見せてくれるのは誰だろう？

イカロスはときどき墜ちる
――遠くの希望と近くの希望

皮肉なことに、急速にテクノロジーが進化していくと、人間的な心を保つことに苦労するのはわれわれ人間だけではないことに気づくかもしれない。

『ブレードランナー』において、アンドロイドは感情を持つようになり、リック・デッカードは、自分が殺さなければならないはずのアンドロイドを愛するようになった。愛するアンドロイドを殺すことは自分の人間性を失うことになると気づいたデッカードは、命令に背いて彼女と駆け落ちし、彼女が自由な心を持ち続けられるようにする。

そんなことは現実には起き得ない。しかし、人間をアンドロイドに変えようとする社会の中で、抵抗するのは人間だけでなく、アンドロイド自身もまた機械であることを乗り越えようとするかもしれないと考えることは、われわれにとって一筋の希望の光になる。テクノロジーはマトリックスのようなディストピアをもたらすのではなく、スタートレックに近い何かを実現するのかもしれないと思わせてくれる。

では、そんな遠くにある一筋の希望の光はさておいて、いまここにある現実の大きな希望に目を向けてみよう。

それは、人間性の喪失や労働力の安売りに抗《あらが》う無限の力が、人間にはあるということだ。少なくとも、私はそう信じている。じつのところ、『マトリックス』は人間が奴隷にされる物語ではない。人間が奴隷になることに抵抗し、そこから逃れる物語だ。

もうひとつの希望の光は、災いと福はつねに対になっているという経験的な知識だ。もし自動化が進み過ぎれば、イカロスの墜落のような惨事がかならず起きる。経済危機は無数の人々の生活を破壊し、それが数世代にわたって続くこともある。そんな危機を決して望むべきではない。

だが一方で、経済が定期的に災厄に見舞われると、そのたびに人間の労働力は復活する。倒産や経済危機によって、少なくとも当分のあいだ人間の労働力は安くなり、生き残った企業は高価な最新型のロボットのかわりに失業者を雇い入れるようになる。経済危機は回復の前触れであり、回復は経済危機の前触れなのだ。

新しい「大転換」
——需要と売上と価格の悪循環を止める方法

経済危機のメリットは、もうひとつ別にある。

君が生まれる前、いわゆる「古き良き時代」に、銀行は調子よく貸し出しを増やし、バブルを生み出した。普通の人たちも、メディアも、政治家も、幻想を見ていた。中流層は自宅の価格が永遠に上がり続け、投資に成功し、経済危機なんて過去の遺物だと思い込んでいた。当時を思い返すと悲しく、また腹立たしい気持ちになる。

私はこの2008年の金融危機がもたらした惨状に対しては怒りを覚えたが、バブルがはじけたことにどこかほっとしたことも覚えている。やっと本当の状況が明らかになったと思った。これで人間らしさが戻ってくる、そう思ったのだ。

もちろん、人間らしい心と常識を取り戻すのに、経済危機という犠牲が必要だなんておかしなことだ。だからこそ、これまでとは違う「大転換」が必要なのだ――機械を賢く使って、機械の労働がすべての人に恩恵をもたらすような大転換が。それはどんな姿になるだろう?

すべての人に恩恵をもたらすような機械の使い方について、ひとつアイデアを挙げてみよう。

簡単に言うと、企業が所有する機械の一部を、すべての人で共有し、その恩恵も共有するというやり方だ。たとえば機械が生み出す利益の一定割合を共通のファンドに入れて、すべての人に等しく分配してはどうだろう? それが人類の歴史をどんな方向に変えていくか、考えてみてほしい。

いまのところ、自動化の増加によって、全体の収入の中で労働者に向かう割合は減り、ますます多くの富が機械を所有するひと握りの人たちのポケットに入るようになっている。ここまでに説明したように、富の集中が極まると、大多数の人たちは使えるおカネが減り、ものが売れなくなる。

だが、利益の一部が自動的に労働者の銀行口座に入るようになれば、需要と売上と価格の悪循環が止まり、人類全体が機械労働の恩恵を受けられる。

ケインズのスタートレック的予言
――おカネの考え方が根本的に変わる

機械をつくるための新しい機械の設計に高いスキルを持つ人間が必要とされている限り、完全な自動化は実現しない。この環境の中なら、いま言ったような形で利益を分配すれば、人々の収入は上がり、購買力が上がり、価格は多少なりとも安定するだろう。

また、もし仮に生産工程が完全にロボット化され、ロボットをつくるためのロボットを設計したりつくったりすることからも人間が排除されれば、すべてのものの価格とすべての人の収入が次第に下がっていき、すべての製品が空気のような存在になる。誰でも何でも、どんな貴重なものでもおカネを払わずに手に入れられるようになる。

そのときはじめて、われわれはスタートレックのピカード艦長のように高らかに宣言できるはずだ。「人間はもはや、物を溜め込むことに囚われたりしない。物への飢えと欲望と必要性を、我々は消し去った。人間は幼児期から脱したのだ」と。

君から見ると、私が本筋から離れてSF世界のたわごとにうつつを抜かしているように見えるかもしれない。君のまわりでもそう言う人は多いかもしれない。

でも心配しないでほしい。私以外にも、同じ意見の人はいる。たとえば、世の尊敬を集める経済学者のジョン・メイナード・ケインズだ。ケインズはこう書いている。

「私たちの孫の代になれば、金銭を貯め込む習慣はある種の病気だと思われるようになるだろう。金銭に執着することは、どちらかといえば犯罪に近く、精神病のように見なされるだろう」

ケインズがそう書いたのは1930年代で、製造工程が完全にロボット化される未来は遠い先のことだった。それなのに、ケインズの言葉はピカード艦長とすごく重なると思わないかい？

平たく言うと、こういうことだ。われわれ人間は、テクノロジーの可能性を余すところなく利用する一方で、人生や人間らしさを破壊せず、ひと握りの人たちの奴隷になることもない社会を実現すべきだ。

そのためにはまず何よりも、機械を共同所有することで、機械が生み出す富をすべての人に分配したほうがいい。自分たちが生み出した機械の奴隷になるのではなく、すべての人がその主人になれるような社会をつくるほかに道はない。

では、どうしてそうできないのだろう？　機械や土地やオフィスや銀行を所有している、ほんのひと握りの権力者たちが猛烈に反対するからだ。彼らを前にして、われわれはいったいどうすればいい？

このいちばん大切な質問への答えは、ほかのすべての課題への答えと同じだということを、最後の2章で君に伝えたい。

この章では機械の台頭について話した。次の章では経済の血液であるおカネについて話す。そして、最後の章では人類という種の生命線である環境について話そう。いずれの課題にも、同じ答えがある。

でも、もう少し待ってほしい。答えはこのあとに明かすから。

第7章

誰にも管理されない「新しいお金」

――収容所のタバコとビットコインのファンタジー

第二次世界大戦中、ドイツ政府は人種や国籍によって捕虜の扱いを分けていた。ロシア人やユダヤ人は殺された。一方、イギリス人、カナダ人、オーストラリア人、アメリカ人、フランス人の捕虜はジュネーブ条約に基づいて基本的な権利が与えられた。

1942年、イギリス軍に従軍していたリチャード・ラドフォードはドイツ軍に捕えられ、西洋人の捕虜収容所に入れられた。もともと経済学者だったラドフォードは、戦争が終わってから、収容所の体験を経済学の視点で書き残した。

収容所では捕虜の国籍別に建物が分かれていて、行き来は自由だった。赤十字が捕虜の生活環境を監視し、スイスの本部から定期的に物資を送っていた。その中には食べ物やタバコ、コーヒー、紅茶、チョコレートといったものが入っていた。

赤十字からの物資は単調な収容所生活の楽しみで、捕虜は小包を心待ちにしていた。喫煙者はとくに、物資が届く日を指折り数えて待っていた。

捕虜の嗜好《しこう》はそれぞれに違っていたが、小包の中身はみな一緒だった。あるとき、フランス人将校が嗜好の違いを逆手に取ろうと考えた。フランス人はコーヒー好きで、紅茶はあまり飲まない。一方、イギリス人はその逆だ。そこで国籍の違う捕虜のあいだで物資を交換することにしたのだ。

赤十字が物資を荷下ろしすると、商才に長《た》けたフランス人がフランス人捕虜に近づいてきて、紅茶をもらうかわりにコーヒーをあとで届けると約束する。その商売人は紅茶を持ってイギリス人捕虜が収容されている建物に行くと、コーヒーと交換して、約束どおりフランス人捕虜のところに戻る。

でもなぜそんなことをしていたのだろう？　どんな得があったのだろう？

フランス人商人はコーヒーと紅茶の交換から儲けを得ていた。なぜそんなことができたのか？　イギリス人から受け取るコーヒーの一部を懐に入れ、少ない量をフランス人に渡していたのだ。

「サヤ」を抜く
――だが、やがてサヤは減っていく

つまり、この商人はフランス人から安く紅茶を仕入れ、紅茶を愛するイギリス人に高く売りつけていたということだ。この場合の「値段」は、ポンドやマルクやドルといった通貨ではなく、コーヒーの量で示されていた。ある市場で安く品物を仕入れ、別の市場で高く売ることを、経済学では「裁定取引（アービトラージ）」という。

ほかの商人も収容所での裁定取引のチャンスにすぐに気づいて、同じことをしはじめた。競争が激しくなればなるほど、商人の懐に入るコーヒーの量は減っていった。受け取る量と渡す量の差、つまりサヤが商人の儲けになる。サヤが小さくなればなるほど、利益は減っていく。

ではここで、取引にあとから参入したパスカルという商人を例にとってみよう。

パスカルはフランス人に渡すコーヒーの量を増やさなければ、商売を奪うことはできなかった。つまりそれは、紅茶の買い入れ価格を上げるということだ。パスカルに追随する商人が増えると、フランス人収容所における紅茶の値段は上がり続け、儲けは減っていった。

同時にイギリス人収容所でも同じことが起こってコーヒーの値段は上がっていき、やがてはフランス人にもイギリス人にも、どれだけの紅茶とどれだけのコーヒーが交換されるかが完全にわかるようになった。

すると、パスカルもほかのフランス商人たちも、サヤを抜くことができなくなった。捕虜たちが全員、コーヒーと紅茶の交換価値をわかってしまったからだ。つまり商人たちのおかげで紅茶の値段が確定したものの、その過程でサヤは抜けなくなり、商売にならなくなった。

ほどなく、収容所ではあらゆる物資が取引されるようになり、捕虜同士が欲しい嗜好品を交換するようになった。

捕虜同士の取引が盛んになるにつれ、あらゆるものの価格が安定していった。経済用語で言う「均衡《きんこう》」に近づいていった。

均衡が訪れるまでは、商人は交渉術と営業スキルに応じて儲けを得られる。板チョコを1枚買うためにコーヒー10グラムを渡す商人もいれば、コーヒー15グラムをもらって板チョコ1枚を売る商人もいた。だが取引が盛んになっていくと、競争によってサヤが小さくなり、価格が安定し、利益が消滅し、やり手の商人も商売ができなくなった。

すると、商人たちは新たな商売のネタを探さなければならなくなった。自分たちの取引スキルを利用できるような新市場を開拓する必要ができたのだ。

収容所の掲示板に、「板チョコ10枚でコーヒー100グラム売ります」といった張り紙が出るようになったことも、品物の相対価格、つまり交換価値の安定化につながった。捕虜はそれを見て取引の目安にし、同じ量のコーヒーなら板チョコ9枚とは交換したがらなくなった。そうやって収容所全体で同じ価格で物資が取引されるようになっていった。

銀行や証券取引所のトレーディングルームで、トレーダーたちが大きな画面を見つめている光景を見たことがあるだろうか？　あの端末はブルームバーグといって、あの画面には原油、金、株式、国債などの取引価格がリアルタイムで映し出されている。

ラドフォードがいた捕虜収容所の掲示板も、基本的には同じ役目を果たしていた。この情報によって取引が進み、価格差が消え、その過程でサヤ取りの機会が失われていった。

「タバコ」で買う
――通貨になるものの3つの条件

しばらくすると、収容所の取引はかなり複雑になっていった。紅茶とコーヒーを交換したり、コーヒーとチョコレートを交換したりといった直接取引のシステムが手間になってきた。

想像してみてほしい。カナダ人がコーヒー100グラムを10枚の板チョコと引き換えに売りたがっているとしよう。コーヒーの欲しいフランス人は、板チョコは手元になく、紅茶しか持っていなかったとする。するとそのフランス人は多少の調べもののあとに、カナダ人にこう提案する。

「コーヒーは欲しいけど、チョコはない。でも紅茶はある。C5ビルにいるスコットランド人は板チョコ1枚と紅茶15グラムを交換するそうだ。私の紅茶150グラムとあなたのコーヒー100グラムを交換し、あなたがスコットランド人にその紅茶を渡して板チョコ10枚を受け取ったらどうだろう?」

最初はそんなふうに取引が行われていたが、まもなく大きな変化があった。ある品物が他のすべての物資の取引媒体として使われるようになった。その品物が実質的な通貨になったのだ。

タバコは収容所でいちばんよく売れる嗜好品だった。喫煙者、すなわちニコチン中毒者は、タバコを手に入れるためなら悪魔にも魂を売り渡さんばかりだった。

ということは、タバコを吸わない人たちは有利な立場に立てる。赤十字からの小包は非喫煙者にも同じものが配られ、その中にはタバコも入っていた。

非喫煙者にとってタバコは何の経験価値もないが、大きな交換価値があった。タバコは喫煙者にとっては経験価値があり、非喫煙者にとっては交換価値があったため、全員がタバコを欲しがるようになった。

あっという間に、タバコは収容所内の物資の相対価格、つまり交換価値を測る単位になった。なぜタバコだったのだろう？　何が通貨になるかは半分が偶然で決まり、半分はそのものの性質によって決まる。

通貨は腐らず長持ちするものでなければならない。魚やパンは通貨にならない。持ち運びが簡単で、ポケットに入るくらいのものが理想だ。簡単に小分けにできるもののほうがいい。そして、その魅力がコミュニティ内の全員にむらなく共有されるものでなければならない。

ラドフォードの記録を読むと、タバコが通貨として使われるようになった経緯がわかる。タバコには3つの特徴と役割があった。

まず、喫煙者にとっては欠かせないものだった。次に、手軽で便利に値段の比較ができ、取引媒体として使えた。最後に、タバコは貯め込むことができ、辛い収容所生活を送る捕虜たちのへそくりになった。

中でもいちばん興味深いのは、タバコが交換価値を保管する手段として利用されたことだ。タバコには便利な取引媒体以上の価値があった。タバコはいざというときの備えになるのだ。

ここに新しい儲けのチャンスと新しいリスクが生まれた。貯め込んだタバコを貸して、利子を受け取るチャンスだ。

もちろん、貸したタバコを返してもらえないというリスクはある。すなわち貸し倒れリスクだ。貸したタバコを相手が全部使ってしまうかもしれないし、すべて吸ってしまって返せなくなるかもしれない。

しかし、それ以外にもうひとつ、別のリスクがあった。

おカネの交換価値
――なぜ、20ドラクマで1000ドラクマをつくれる?

私が君くらいの歳のとき、大人たちが私にはまったくチンプンカンプンな話をしていたことを覚えている。理解しようと思って必死に聞いたけれど、意味がわからなかった。わかったと思って友だちに説明しようと思ったが、うまくできなかった。

その大人はこう言っていた。「1000ドラクマ紙幣(そのころ私たちが使っていた通貨だ)をつくるのに費用は20ドラクマしかかからない」と。20ドラクマしかかからないのに、どうして1000ドラクマの価値があるんだろう? 私は頭をひねり続けていた。

君はこのときの私より賢いとは思うけれど、少し我慢して聞いてほしい。収容所の例を使ってこの謎を説明してみようと思う。

赤十字から送られてくる小包の中に、たまにタバコがいつもより多く入っていることがあった。ただし、コーヒーとチョコレートと紅茶の量は変わらなかった。

収容所内で流通するタバコの量が増えると、同じタバコの本数で買えるコーヒーとチョコレートと紅茶の量は減る。増えたタバコの総量が、それよりは少ないコーヒーとチョコレートと紅茶の総量に相当することになるため、タバコ1本あたりに相当するコーヒーとチョコレートと紅茶の量が減るからだ。反対のこともあった。タバコの総量が減ってほかの物資の量が同じままなら、タバコ1本あたりの交換価値は上がる。つまりタバコの購買力が上がる。

要するに、通貨の購買力は、その生産コストとは何の関係もなく、相対的な希少性または潤沢さによって決まるということだ。

ある捕虜が高価なものを買うためにタバコを大量に貯め込んでいたとしよう。そこへ赤十字が突然、大量にタバコを送ってきたら？　タバコの交換価値は急落し、その捕虜の倹約と節制は無駄になる。

通貨があることで取引は円滑になり、より多くの商品がより速く取引されるようになる。一方、通貨は信頼されなければ機能しない。誰もがこの先もずっとその通貨を取引に使うことを信じていなければならない。そのためには、その通貨の交換価値がこの先もずっと維持されるとみんなが信じていなければならない。

ギリシャ語の「硬貨（ノミスマ）」が、「考える（ノミゾ）」と「法律（ノモス）」のどちらにもかかっているのは、偶然ではない。硬貨や紙幣が価値を持つのは、すべての場所でそれを受け入れる法的な義務があり、同時に硬貨や紙幣がこれからも価値を持ち続けると信じられるときだけだ。

ある晩、連合軍が、収容所の近くの地域を爆撃した。次第に爆撃が近づき、収容所の中にも爆弾が落ちはじめた。捕虜たちは生きて朝を迎えられるかビクビクしながら夜を過ごした。

翌日、タバコの交換価値は急上昇した。あたりに爆弾が落ち、不安に苛《さいな》まれていた捕虜たちが、夜通しずっとタバコを吸い続けていたからだ。翌朝、タバコの総量は他のものにくらべて劇的に減っていた。以前ならタバコ5本で板チョコ1枚と交換だったのに、タバコ1本で板チョコ1枚と交換できるようになった。

つまり、爆撃が「デフレ」を引き起こしたのだ。ものに対して貨幣の量が相対的に減ると、すべての物価が下がる。逆にシステム内の貨幣総量が増えると、その反対のことが起きる。これが「インフレ」だ。

金利
——収容所のタバコ銀行がしていたこと

まだ戦争の行方《ゆくえ》がどうなるかまったくわからなかった1942年、捕虜たちはあと何年も家に帰れないのではないかと恐れていた。その年を通して、収容所内の物価は安定していた。

収容所内の原始的な経済制度がしばらくのあいだ変わらないと確信した一部の（最もビジネスに長け、最も物質を溜め込んでいた）捕虜は、解放されるまでにはローンを回収できるだろうと考えて、銀行のまねごとをはじめた。

たとえば、フランス人のグザヴィエがコーヒーを切らしてしまったとしよう。だが、コーヒーを買えるだけのタバコは手元にない。すると、銀行に行って10本、タバコを貸してもらう。翌月赤十字から小包が届いたら、タバコを12本返すことが条件だ。ひと月の金利はなんと20パーセント。

グザヴィエはそれでもタバコを借りるだろうか？　おそらく。翌月のタバコが減ったとしても、1か月間コーヒーなしで過ごすよりマシだと考えれば、借りるはずだ。

通貨の総量の変化をどう予測するかが、金利に大きな影響を与える。

たとえば、もし、翌月に大量のタバコが収容所に送られてきて、タバコの交換価値が下がり、物価が上がると予測すれば、銀行家は金利を引き上げる。なぜだろう？　1か月後、同じ本数のタバコの価値は下がっているかもしれないからだ。

だから、どんな経済でも、借金のコスト、つまり金利は、物価の予測に左右される。インフレに向かうか、デフレに向かうかの予測で変わるわけだ。

例を挙げよう。タバコ1本あたりの交換価値が10パーセント下がると銀行家が予想しているとする。言い換えると、インフレが起きて、タバコで表される物価が10パーセント上がると予想しているということだ。

これまでは、10本のタバコを貸し出して、翌月に12本返してもらっていた。つまり20パーセントの金利を受け取れていた。だがタバコの価値が10パーセント下がるとすれば、20から10を引いたもの、つまり10パーセントが自分の取り分になる（この計算は直感的にわかるだろう。これがいわゆる「実質金利」だ）。

もし銀行家がこれまでと同じくらい儲けようと思えば、20パーセントの金利ではタバコを貸し出さないはずだ。

ではどんな条件にする？　減る分の埋め合わせに、いつもの金利に10パーセント上乗せして30パーセントで貸し出すだろう。

もし、ニュースで「インフレが予想されるため、金利はおそらく上昇するものと思われます」なんて言葉を耳にしたら、もう意味がわからないなんてことはないはずだ。この収容所の話を思い出すといい。

「終わりの予感」が経済を崩壊させる

天候や自然現象の変動は、われわれがどう思おうと、どんな予想をしようと、関係なく起きる。気象庁が何と言おうと、私や君がどう予想を立てようと、雨は降る。

だが、これまで話してきたルソーの鹿狩りの寓話や、ふたつの市場の例からもわかるように、経済は自然と違って、われわれがどう思うかに影響され、揉まれ、形づくられる。ラドフォードは収容所の経済を記録する中で、とくに通貨の価値に触れ、経済と予測の相互依存関係を見事に表した。

前線からのニュースはとくに、収容所の経済に大きな影響を与えた。捕虜は看守の目を盗んであり合わせの材料でラジオをつくり、戦況を聞いていた。

ドイツがソ連に侵攻したというニュースが流れると、収容所生活が長引くだろうと考えられた。すると、物価は安定した。戦争がそろそろ終わりに近づき、解放に伴って収容所の経済も消滅しそうだとわかると、預金者への金利（貸し出し金利ではなく）は急上昇した。誰も預金しなくなったからだ。

連合軍がドイツ国境に進むと、赤十字からの小包は届かなくなった。捕虜たちは戦争がまもなく終わると知り、貯め込んだタバコを吸いつくした。銀行からタバコを借りていた者たちも返済せず、借金は文字通り煙と消えた。アメリカ軍が収容所の門を開放するころには、所内のささやかな経済は崩壊していた。

終わりが来るとみんなが知っていれば、貨幣経済は続かない。貨幣経済は、それが続くと人々が信頼できるかどうかに、すべてがかかっている。オイディプスの神話のように、崩壊を予期するだけで、経済は崩壊してしまう。

収容所経済から現在の経済まで、このことは同じだ。しかし、収容所といまの市場社会では、通貨の仕組みに根本的な違いがある。

収容所での「マネーサプライ」を管理していたのは赤十字だった。もちろん、赤十字のスタッフは収容所で起きていることなど知らなかった。収容所経済のことなど何も知らず、人道支援だと思って物資を届けていただけだ。その意味で、収容所の通貨制度を運用していた管理者は、純粋に中立的だった。

しかし、いまの市場社会は中立とはほど遠い。

「信頼」が通貨を通貨たらしめる

強制収容所でも世界中の監獄でも、タバコは通貨として使われてきた。塀の外の世界では、さまざまなものが通貨として使われてきた。貝殻、塩、鉄などの貴重な金属。金は腐らずいつまでも輝き続けるので、人気があった。

金属の硬貨が紙幣に置き換えられたとき、人々はショックを受けた。子どもだった私が、1000ドラクマ紙幣をつくるのに20ドラクマしかかからないと知ったときと同じだ。

以来、紙幣はますます小さく軽くなり、次第に目につかなくなり、物理的な通貨は消滅しつつある。いまではスマホのアプリでの支払いが当たり前になってきた。それでも収容所のタバコと同じように、通貨を通貨たらしめているのは「信頼」だ。

いにしえの昔から、支配者たちは通貨への信頼を守ろうとしてきた。それは自分たちの欲を満たすためだった。すでに話したように、メソポタミアでは貝殻に数字を彫って、農民に渡す穀物の引換券や通貨の代わりにしていた。もし支配者がとんでもない量の穀物を約束したり、貝殻に数字を彫り込む役人を管理できなかったりしたら、あっという間に信頼は崩れていただろう。

硬貨も同じだ。そこに含まれる貴金属（金や銀）の量が間違っていたら、信頼できなくなってしまう。

だが硬貨を溶かして少量の金や銀でニセ硬貨をつくり、懐を肥やそうとする人は後をたたなかった。そのため、世の中に硬貨への不信が広まり、取引に支障をきたすようになった。人々が硬貨が真正かどうかを疑うようになったからだ。

こうした疑念を晴らすために、支配者は自分の肖像を硬貨に彫り込んで、国家が通貨を保証することを人々に印象づけようとした。

たとえば古代アテネでは、都市国家が厳格な決まりを設け、港や市場に検査場を開き、当時の先端技術を使ってランダムに硬貨を検査していた。

ニセ硬貨の流通には重い罰が科せられた。鞭打ちになることもあれば、死刑になることもあった。もちろん、後から罰するより防止したほうがよいので、恐ろしげな神様や暴君の肖像をかたどった複雑な文様が硬貨に彫り込まれるようになった。そうやって、支配者たちはニセ金作りたちの一歩先を行こうとしてきた。

誰もが良貨を貯め込み、悪貨を使う
――そうして、悪貨は良貨を駆逐する

ニセ金防止はいいことだが、古い言い回しに倣《なら》えば「庇護者から庇護してくれるのは誰」だろう？

ほぼかならずと言っていいほど、愚かな支配者は通貨の発行権を濫用《らんよう》するようになる。大衆の目をごまかして自分たちが得をしようとするのだ。戦争をはじめたり、新しい寺院や城を建てたくなると、もっと多くの通貨を発行するために、硬貨に含まれる貴金属の量を減らすようになる。支配者たちはその誘惑に抗えない。

もちろん、大衆もバカではない。人々は古い硬貨と新しい硬貨の違いを見分けられるようになった。それでも、悪貨が良貨を駆逐するまでにそれほど時間はかからなかった。人々は良貨を使わずに貯め込んだり、良貨を溶かして金や銀を抽出するようになったからだ。

そうやって、悪貨が大量に流通するようになると、硬貨1枚で買える小麦やトウモロコシや肉の量は減っていった。そして、インフレが起きた。

賃金と貯金の価値は下がり、経済は行きづまり、通貨への信頼が地に堕ちると通貨制度そのものが崩壊した。ローマ帝国の衰亡の歴史は、そんな逸話に満ちている。

だから、いまも多くの人が通貨発行について、支配者や政府や政治家に判断をゆだねることに抵抗感を抱いたり、そうした判断は権力に餓えた男たちからできるだけ遠ざけておきたいと感じたりするのは、もっともなことだと思う。いま「男たち」と言ったが、大衆から何かを毟《むし》り取ろうとするのは、いつの時代も主に男性である。

誰も税金を払いたくなければ、どうすればいい?

とはいえ、ありがたいことに時代は少しずつ変わってきた。いくつもの革命や反乱を経て、支配者の手足を縛る法律ができ、国王が人々の財産を不法に略奪したり、勝手気ままに税金を徴収したり、土地を没収したり、抵抗する者を投獄したりできなくなった。

税金は権力者の懐を潤すためのものではなくなった。余剰を公平に分配すべきだという運動が広がり、多くの人々に恩恵をもたらすさまざまな計画を実現するために税金が使われるようになった。金持ちもまた、福祉国家が優れた保険になって自分たちの財産が守られ、心の平穏と命までもが守られることに気づきはじめた。

するとここで、次のような問いが生まれた。

誰が税金を払うのか？

先に書いたように、金持ちは税金を払いたがらず、貧乏人には十分なおカネがない。なら、どうする？

ひとつの方法は、第4章で書いたように、国債を発行することだ。つまり公的債務を負うということだ。もうひとつは、中央銀行などを使ってより多くの貨幣をつくり、国家の財源としたり金融機関の資金にすることである。

だがどちらのやり方にも欠点がある。政治家は公的債務が増えるのを嫌がる。政敵から、未来の子どもたちに負担を押しつけるのかと責められるからだ。だから、ひっそりと中央銀行に指示して貨幣をつくらせ、社会が必要とする費用を賄《まかな》おうとする。

しかしラドフォードの収容所の例で見たように、タバコを大量に貯め込んでいる捕虜たちは、赤十字が大量にタバコを送りつけたら困ったことになる。自分の持っているタバコの価値が下がり、購買力が落ちるからだ。だから、金持ちはいつも新しく貨幣をつくるやり方を嫌った。

ローマ帝国の衰退の一因も、皇帝が悪貨を流通させたことにあった。金持ちたちはそんな例を引き合いに出して、中央銀行の「政治的中立性」と「政府からの独立」を求めて運動を起こし、マネーサプライを増やす権限を政治家の手から奪おうとしてきた。そうした金持ちの要求がいいことかどうかは置いておくとして、そもそも、中央銀行は本当に政治から独立できるのだろうか？

無から利益を生み出す世界
——塀の中と外の違い

この問いに答えるにはまず、収容所経済といまの経済のもうひとつの違いから考えるのがいい。収容所の中では、タバコが通貨であり、それだけがおカネだった。しかし、鉄条網の外の世界では、流通している硬貨や紙幣をはるかに超える大量のおカネが存在する。なぜだろう？

簡単に言うと、銀行がどこからともなくおカネを生み出すからだ。

ここで思い出してほしい。ミリアムが50万ポンドのローンを借りたとき、50万ポンドという数字が突然彼女の口座に現われた。それは硬貨でもなければ、紙幣でもなかった。だがそれがおカネであることに変わりはなく、ミリアムはそのおカネを使って自転車製造に必要な機械を買うことができた。

市場社会ではこれが可能なのだ。ミリアムは50万ポンドを使って自転車を製造し、自転車を売って利益を得、銀行にも利子を支払うことができる。

しかし収容所では何も製造できず、消費しかできない。何もつくりださなければ、ミリアムのように借金を利益に変えることはできない。この点から見ると、収容所経済は市場とは言えても、市場社会とは言えない。収容所で消費されるものはいずれも、収容所の外でつくられていたからだ。

ここで、魔法のようにおカネを生み出す銀行の力と、市場社会全体の求めによって、公的債務が必要とされるようになったことを思い出してほしい。

私が公的債務を「機械の中の幽霊」と呼んだことを覚えているだろう。公的債務は、経済の仕組みを支えるインフラ建設の財源になり、不況のときには回復を刺激し、銀行に「最も流動的な資産」を与え、すべてを結びつけるゴムバンドになる。

しかし一方で、国家は公的債務を返済し続けるために税金をさらに徴収しなければならなくなる。収容所経済と市場社会の経済の決定的な違いは、収容所では債務と税金がマネーサプライと無関係だったが、市場社会ではそれが固く結びついているということだ。

収容所内の通貨とは違って、市場社会の物理的な通貨は取引を円滑にするために生まれたものではなかった。それは債務を記録するためのものだった。金持ちの支配者がナバックさんのような貧しい農民に今後どれだけ支払いをするかを記録するため、そして税金を集めるための道具が、物理的な通貨だった（だからこそ、支配者はいつも自分の懐を潤すために通貨の質を落としたくなったが、そうすると受け取る税金の価値も下がるので自制してきた）。

塀の外ではおカネは「政治的」になる

もし通貨が政治から独立したら、もしマネーサプライが政治の世界と切り離されたら、次の判断はいずれも政治から独立して下さなければならなくなる。

政府が何にいくらを使うか。国家が誰からどのくらいの税金を集めるか。銀行は何をどこまで許されるか。銀行が破綻したらどう対処するか。

とはいえ、こうした判断は政治そのものだ。専制君主がそうしたことをすべて決めるとしたら民主的ではないものの、政治と無関係になることはない。

ラドフォードのいた収容所の通貨が政治と無関係だった理由をもう一度思い出してほしい。それは、物資を送っているのが赤十字という独立団体で、タバコが収容所内で通貨として使われていることを知らなかったからだ。

塀の外の世界では、マネーサプライの管理者は、自分たちが経済に与える影響を知りすぎるほど知っている。

自分たちの決定がどんな結果をもたらす可能性があるかをわかっている場合、問題になるのは、感情抜きで行動できるかどうかではない。

問題は、彼らが多くの人の利益を考えて行動できるか、それとも少数の人たちの利益を優先するか、ということだ。

経済的に発展した民主主義国の中央銀行はほぼすべて、表向きは独立していることになっている。こうした国では、通貨が政治から切り離され、中央銀行は選挙で選ばれた政治家の影響や干渉を受けないのだろうか？

通貨が債務（民間でも政府でも）と税金に固く結びついていることを考えると、答えは「ノー」だ。債務と税金ほど政治に左右されるものはない。

中央銀行が本当に独立すると、どうなるだろう？　真に独立した中央銀行は赤十字のように中立的な存在にはならず、議会の監視を受けない組織としてこれまでにないほど政治的な決定を下すようになるだろう。そして、選挙で選ばれていない、政治的かつ経済的な力を持つひと握りの権力者の恣意《しい》で動かされるようになる。

ビットコイン
――「一通のメール」がもたらした衝撃

さてここで、2008年に時計の針を戻そう。君が4歳のとき、バブルが弾け飛んだ。多くの人が仕事と家と希望を失い、金融を支配していた銀行や政治家への信頼は崩壊した。独立組織としてマネーサプライを管理していた中央銀行への信頼も吹っ飛んだ。

世界の最も富裕な20か国、いわゆるG20が一緒になって銀行を救済することを決めると、世界中の市民が激怒した。新しいタイプの通貨を待ち望む人も出てきた。収容所の通貨のように、国家とも政治とも切り離され、権力者に支配されない通貨を。人々によって、人々のためにつくられ、銀行にも国家にもあやつることのできない通貨を。

では、政府や中央銀行でなければ、誰が通貨を発行し、その質と量を管理するのだろう。デジタル時代以前には、答えはなかった。しかし、インターネットが到来すると、権威に反抗する進歩的な人々の中に、民主的で安全で正直で、物理的な形を持たずコンピュータとスマートフォンの中にだけ存在し、中央で統制する人のいないデジタル通貨の構想が生まれた。

ただし、問題がひとつあった。バナナは食べたらなくなるし、100ドル札も使ったら終わりだが、デジタルのものはハードドライブの中の数字の羅列でしかないので、コピーすれば何度でも使える。

私なり君なりが、いくらでもほしいだけ通貨を生み出せるのなら、誰がどれだけ所有していいのかをどう決めたらいい？　この問題を解決しない限り、デジタル通貨は不信とハイパーインフレによってたちまち崩壊してしまう。

2008年11月1日に、オンライン上のあるメーリングリストに投稿された一通のメールがこの問いに答えを出した。金融危機の数週間後のことだ。メールの差出人はサトシ・ナカモト。それが個人なのかチームなのかはいまもわかっていない。このメールの中で、ナカモトは見事なアルゴリズムを披露し、問題を解決した。そしてこのアルゴリズムが新しい分散型デジタル通貨の土台になった。その名はビットコインだ。

「仮想通貨」と商人の目論見

ナカモトのメール以前には、何らかの中央権力を置くソリューションしか提案されていなかった。銀行やクレジットカード会社はデジタルな台帳を中央管理することで、この問題を解決しようとしていた。

たとえば、私がクレジットカードを使ってアマゾンで買い物をするたびに、彼らの管理する台帳の私名義の口座から使った金額が差し引かれ、同じ台帳にあるアマゾンの口座にその金額が加えられるといった具合だ。買い物の前に、その中央システムが私の口座に十分なおカネがあることを確認し、同じおカネが二重に使われないよう担保する。

だがナカモトのアルゴリズムは、台帳を中央で管理する必要がなく、しかも、おカネをコピーしたり二重に使ったりできない仕組みになっていた。

「では、誰が取引を監視するんだろう」と聞きたくなるはずだ。

答えは、「全員で!」。

ビットコインに参加するすべての人がそれぞれのコンピュータの処理能力を利用することで、全体として取引を監視できる。全員が自分以外の人のすべての取引を監視し、その正当性を担保しているが、誰の取引かを知ることはできないので、プライバシーは守られる。世界中の多くの人がこのアイデアに熱狂し、ビットコインに参加した。

しかしその後、ビットコインの参加者たちは、とんでもなく苦い経験も味わうことになった。ナカモトのアルゴリズムをすべて解き明かせた人はいなかったものの、ひと握りのずる賢い商売人がここに商機を見た。ビットコインの大量保有者にとっては、ハッカーによるコンピュータへの侵入と盗難がいちばんの心配事である。その恐れにつけこんで、少額の手数料で、超安全なサーバーにビットコインを（電子的に）保管するというサービスをはじめたのだ。すると、何が起きたかはもうおわかりだろう。数百万ドルの価値のあるビットコインを持ち逃げする保管者が出たのだ。

この話は、なぜ通貨がいまも昔もつねに政治的であり、政治と切り離せないかということを思い出させてくれる。ビットコインの支持者も、通貨とは政治的なものだということに異論はないはずだ。ビットコインの参加者たちが仮想通貨に熱狂するのは、それが既存の政府や権威に抵抗する存在だからだ。これほど「政治的」な行動はない。

だが、私がこれから言うことを、ビットコインの支持者は気に入らないだろう。通貨が国家からも政治的なプロセスからも切り離せて、それが「人々による」政府と政策につながるという考えは、危険な幻想だ。

上限問題
——仮想通貨はなぜ危機にぶつかるのか？

ビットコインの大量盗難が起きたとき、多くの人は仮想通貨の致命的な欠陥が証明されたと感じた。ビットコインの利用者は詐欺や盗難から守られることはないと思ったのだ。もし銀行強盗が金庫を破って大金を持ち出したとしても、預金は法律で守られる。しかし、国家の法律で守られないビットコインの持ち主を助けてくれる人はいない。

国家の保護がないことは、たしかに仮想通貨の深刻な欠陥だ。良くも悪くも、われわれを組織犯罪から最終的に守ってくれるのが国家であることは間違いない。

しかし、国家に紐づかないビットコインのような仮想通貨の最大の弱点は、そこではない。最大の弱点は、危機が起きたときにマネーの流通量を調整できないことにある。

仮想通貨の仕組みはそもそも、誰もマネーサプライに介入できないことが前提になっている。危機が起きたときにマネーサプライを調整できなければ、危機はますます深刻になる。それはこれまでに見てきた通りだ。

ビットコインの総量はアルゴリズムによって決まっている（正確に言うと、その総量は少しずつ増えていき、やがて発行上限である2100万ビットコインに達する。さらに正確に言うと、その上限に達するのは2032年のどこかの時点となる）。だが、これには大きな問題がある。理由はふたつ。まず、総量が決まっていることで、危機が起きやすくなる。次に、危機が起きたらそれを和らげるのが難しくなる。

でははじめに、総量が決まっていることで、なぜ危機が起きやすくなるかを見てみよう。その理由は、いわゆるデフレ効果だ。企業の生産するものが増えるにつれ、総量の決まっているビットコインは相対的に希少になり、価値が次第に高まっていく。

ということは、車であれおもちゃであれ、ビットコインで表されるものの値段は、世の中の自動化による価格下落よりさらに速いペースで下がることになる。しかもすべてのものの値段が一律に下がる。つまり、価格デフレになる。

もっとも、物価が下がること自体は問題ではない。だが物価よりも賃金が速いペースで下がると大問題だ。そうなると、ものは増えていくのに、労働者の買えるものは以前より少なくなる。いつもの銀行の過剰貸し付けにビットコインのデフレ効果による売上の減少が重なると、危機の火種ができ上がる。

いったん危機が起きると、ビットコイン経済の2番目の問題が浮かび上がる。それは、発行総量を増やせないため、再膨張（リフレーション）に持っていけないという問題だ。

金融危機が起きて、銀行が未来から引っ張ってきたおカネが消えてなくなってしまったなら、政府はなるべく早く失われたおカネを補填《ほてん》して、銀行（銀行の経営者ではない）を救い、貧困対策や公共投資におカネを回さなくてはならない。

一刻も早くマネーサプライを増やさなければ、連鎖倒産が起き、世の中は1930年代の大恐慌に逆戻りしてしまう。しかし、ビットコインは総量が決まっていて、当局の管理が及ばないので、何の手も打てない。

いま言ったことは、単なる思い込みではない。1929年の金融危機の前後に起きたことが、まさにそうだった。政府はマネーサプライを金の保有量に紐づけていた。これが金本位制だ。金本位制は、ビットコインと同じように通貨と政治の分離を狙ったものだった。イギリス政府は1931年に金本位制を廃止し、ルーズベルト大統領が1933年に市民の金保有を禁じると、やっと危機が和らいだ。

しかしもちろん、政府や中央銀行がマネーサプライを管理するようになった途端、通貨はふたたび政治と結びつくことになった。

父が教えてくれたこと

ではここでまとめよう。マネーサプライを調整することで、バブルと債務と経済成長の行きすぎを防ぎ、同時にデフレと景気後退を退治できる。マネーサプライへの介入は、あらゆる層の人々に影響する。金持ちや権力者も、貧しく弱い人たちも、異なる形で影響を受けるが、その影響が公平になることは決してない。

通貨が政治と切り離せないことを認めたら、われわれにできることはひとつしかない。通貨を民主化することだ。ひとり一票の重みを通して、通貨を管理する力を人々の手に与えるしかない。それがわれわれの知っているただひとつの防御策だ。

もちろん、通貨を民主化するにはまず、国家を民主化しなければならない。それは、かなりの難題だ。だが不可能ではないはずだ。

この章を書き終えた私は、君のおじいちゃん、つまり私の父に話を聞いた。父は1946年から1949年にかけてのギリシャ内戦のあいだ、政治犯としてマクロニソス島とイカリア島に収容されていた。その収容所でタバコが通貨として使われていたかを聞いてみたのだ。それを聞いたのは、ひとつには、ラドフォードの収容所のようなことはどれくらい一般的だったかを知りたかったからだ。父の答えは意外だった。

「いや」と父は言った。「私たちは受け取ったものを何でも分け合っていたよ。私はタバコは吸わないが、叔母にタバコを送ってくれと頼んだことがある。タバコが送られてくるとすぐに仲間にあげた。見返りなど何も期待しなかった。そんな感じだったんだ。お互いに助け合って生きていた」

この父の話には学ぶべきことがある。だがここでは何も言わない。どう思うかは君にまかせよう。

第8章

人は地球の「ウイルス」か？

――宿主を破壊する市場のシステム

『マトリックス』では、少数の人間が機械の支配から逃れ、彼ら人間を捕まえようとする追っ手に抵抗する。抵抗グループのリーダーがモーフィアスだ。

あるとき、モーフィアスはマトリックスの仮想現実の中で機械に捕まってしまう。マトリックスの中で機械はエージェント・スミスという人間の形をしている。エージェント・スミスはモーフィアスを痛めつけるが、その前に、なぜ〝彼〟が人間を忌み嫌うのかをこんなふうに話して聞かせる。

「知ってるか？　この地球の哺乳類はどれも環境と調和し、自然と均衡していくもんだ。それなのに、お前ら人間ってやつはそうしない。……じつは同じパターンのやつらがほかにもいる。何だか知ってるか？　ウイルスだよ。人間は、この地球の悪い病気、ガンなんだ。お前らは疫病だ。俺たちがそれを治療してるんだよ」

キリスト教、ユダヤ教、イスラム教という一神教の3大宗教を見たところ、われわれ人間は、自分たちを賢いと思っているようだ。

人間は自分を、完璧で唯一の存在である神と似た姿を与えられたと思いたがる。人間は言語と理性を持つ唯一の哺乳類で、半神であり、地上の主であり、自分たちが環境に適応するのではなく環境を自分たちの望み通りに変えられる存在だと考えている。

だから、人間がつくりだした機械が自分たちに背き、エージェント・スミスのように刃向かってくるかもしれないと思うと、言い知れない苛立ちを覚えるのだ。何よりも、われわれは心の奥底で、エージェント・スミスが正しいかもしれないと恐れている。

宿主を全力で破壊するウイルス

私は、エージェント・スミスの言ったことはまだ生ぬるいとさえ思っている。ウイルスの中には宿主を破壊しないウイルスもある。だが、われわれ人間は宿主である環境を全力で破壊している。

多くの植物と動物を絶滅に導き、地球の森林の3分の2を破壊し、酸性雨を降らせて湖を汚染し、土壌を腐らせ、河川を干上がらせ、大気に二酸化炭素を充満させ、海を酸性化してサンゴを殺し、氷河を溶かし、海面を上昇させ、環境を不安定にし、人類全体を危険にさらしている。

われわれは、人間が生きていける唯一の場所であるこの地球をぐちゃぐちゃにしている。それは、宇宙飛行士が自分たちの吸う酸素に毒を混ぜるようなものだ。誰が見ても、エージェント・スミスが言っていることは正しい。

エージェント・スミスなんてただの幻想だと君は言うだろう。脚本家がでっち上げたキャラクターだ、と。

たしかにそうかもしれない。クリストファー・マーロウがフォースタス博士をつくり、メアリー・シェリーがフランケンシュタイン博士をつくって人々の意識を目覚めさせ、社会に警告を送ったように、映画の中にエージェント・スミスというキャラクターが存在するのは、われわれ人間が地球を脅かすたんなるガンやウイルスではなく、良心を持ち、自己批判と内省ができる存在である証拠なのかもしれない。

ただし問題は、その良心や自己批判といった美徳をわれわれ人間が十分に生かせるかということだ。

なぜ、市場社会は「破壊」を歓迎するのか？

——破壊は交換価値を生み出す

交換価値が経験価値を打ち負かすようになって、市場社会が生まれた。ここまで見てきたように、市場社会はありえないほどの富と計り知れない惨状をもたらし、機械による大量生産を生み出し、人間がつくりだせる製品の量を乗数倍にする一方で、労働者と従業員を機械の奴隷にしてきた。市場社会はまた、別のことも引き起こした。種としての人類を、生命を司る地球と衝突させてしまったのだ。

こんな場面を思い浮かべてほしい。

エギナ島の夏。突然、私の家の上をペロポネソスに向かって3機の消火飛行機が飛んでいく。私たちは飛行機の向かう方向に目を向ける。すると、遠くのパルノン山の上空に黒い煙が蛇のようにもくもくと上がっているのが見える。燃えるような夕焼けが次第に黒い煙で覆われ、世界の終わりのような奇妙な夕暮れが浮かび上がる。

ニュースを見なくても、目の前で大惨事が起きているのがわかる。それを見て私たちの心は沈んで行くものの、経済の観点から見ると、市場社会は反対に活気づく。山火事は経済の追い風になるのだ。

とんでもないと思うかもしれないが、本当のことだ。地球の苦悩から経済は恩恵を受ける。さまざまな指標からそれは明らかだ。

まず、燃えている松の木は、山に生えているだけでは交換価値はない。木陰を歩いたり、樹々の香りを楽しんだり、風に揺れる枝葉のざわめきに耳を傾けたりする人にとって、森林は経験価値がある。だが交換価値はゼロだ。森は売買によって利益を生み出す商品ではないからだ。どれほど多くの木が燃えようと、風景が荒れようと、どれほど多くの動物が火に巻かれようと、交換価値は失われない。

一方で、家の上空を飛んでいく飛行機は灯油を大量に使用する。それが石油会社の売上になる。山火事に向かう消防車は軽油を消費する。それもまた石油会社の売上になる。山火事で燃えた家や電線を復旧するには、建築業者に賃金を支払い、材料を使う。その交換価値もまた経済の原動力になる。

人間は略奪的な生き物で、これまで獲物を追いかけては絶滅させてきた。環境破壊はいまにはじまったことではない。たとえばイースター島には巨大なモアイ像があるが、それをつくったかつての住人たちは大半が飢えや争いで死んだ。人々が豊かな森を切り崩したことで土壌が緩んで海に流れこみ、土地が干上がったのだ。

もっとも、人類の歴史のほとんどのあいだ、このような悲劇は孤立した出来事だった。市場社会が出現し成熟する前なら、「大転換」が起きて交換価値が経験価値を打ち負かし、産業革命が起きる前なら、エージェント・スミスの批判は根拠がなく公平でもないと言えただろう。

この本のはじめに紹介したオーストラリアのアボリジニを見てみよう。イギリス人がやってくるより数千年も前、アボリジニはオーストラリアにいた大型哺乳動物をすべて絶滅に追い込んだ。だがその後、環境と共生する術を見つけ、森林を守り、魚や鳥や植物の消費を抑え、自然の恵みを保護していた。

しかし、イギリス人がやってきてアボリジニを追い出して土地を囲い込み、市場社会の法則を社会に当てはめるようになってから、１００年もしないうちに、オーストラリアの森林の5分の3は破壊された。

いま、オーストラリアの土壌は掘削と大規模農業によって傷つき、川床は干上がり、塩が堆積している。大陸の北にある、世界最大の生命構造だったグレートバリアリーフも瀕死の状態だ。

山火事の例でもわかるとおり、交換価値をすべてに優先させる社会は、環境保護をとんでもなく軽視するようになる。木や微生物に交換価値がない限り、それらが破壊されても、市場社会にとっては何の意味もない。そして、その破壊から交換価値が生まれる限り、われわれは環境破壊に迅速に対処することができない。

どうしてそんなことになるのだろう?

節度のない者は「愚か者」になる
——ダメと知りながら競争を止められない

川を泳ぐマスを思い浮かべてほしい。人間がマスを全部釣ってしまったら、もうそれで終わり。マスはいなくなる。一度に少しずつ釣っていれば毎年新しく生まれるので永遠に釣り続けられる。

ではここで、コミュニティの伝統と慣習に代わって、市場社会の法則にマス釣りをゆだねるとしよう。

マス1匹あたりの交換価値を、5ポンドとしよう。漁師がみな自分の利益だけを追求するなら、それぞれの時間と労力の交換価値がマスの交換価値を上回る直前までマス釣りを続けるはずだ。

では時間の交換価値はどう測ったらいいだろう？　漁師がもし工場で1時間働いたら、10ポンドになるとする。その場合、1時間にマスを2匹より多く釣れば（1匹の交換価値が5ポンドなので）、工場で働くより得になる。

釣りをする人ならわかるだろうが、あなたが魚を釣れる数は、周りの釣り人の数と彼らの努力に反比例する。シンプルに言うと、釣り人が自分だけなら、釣り放題だ。川に網を放り込んで、何度か引きあげるだけでいい。しかし、自分や周りの釣り人が魚を釣れば釣るほど、残りの魚の数は減っていき、だんだん釣れなくなっていく。

だからたとえば、100人の漁師のコミュニティで協力して働いているなら、1日にひとり1時間、全員あわせて200匹までしか釣れないことにして、ひとりあたり2匹ずつ分け合うことにしてもいい。

しかし市場社会では、漁師はみな起業家として競争しあうことになっているので、競争に反する約束（や法律）は起業家精神に反する。地元のパブでビールを飲みながら、100人の漁師全員が、漁をするのは1日1時間にするのが合理的だと同意しても、実際には2時間も3時間も、その先も、1時間あたり2匹より多く取れる限りはずっと続けてしまいたくなるはずだ。

すると、最初は釣れるマスの総数が増え、全体では200匹を大きく超えるかもしれない。だが、100人の漁師が何時間も釣りを続けているうちに、マスの数は減り、そのうちマスは川から消え失せてしまう。ひとり1日1時間ずつを続けていれば、毎日簡単に全員で200匹が釣れたはずなのに、全員が一日中釣りをしていると、やがてほとんど釣れなくなってしまう。

これこそ、集団的な愚かさの最たる例だ。利益追求が人間の自然な欲求だという前提に立つと、こうしたことが起きる。

だが利益追求がすべての人間の原動力だと考えられるようになったのは比較的最近のことだ。われわれは、フォースタス博士やフランケンシュタイン博士になってしまう危険を犯しているばかりか、イースター島の住人と同じ失敗をしつつある。しかも、今回はそれを地球規模でやっている。マスの例は氷山の一角だ。利益を追い求める多国籍企業は、交換価値が得られる限り地球を汚染し、地球から搾取し続ける。そうやって、自分たちがつくりだした地獄の釜で、この惑星を焼きつくそうとしている。

古代ギリシャでは、公共の利益を考えられない人、つまり自分のことしか考えられない人は「イディオテス」と呼ばれた。

「節度のある者は詩人になり、節度のない者はイディオテスになる」という古代アテネのことわざがある。古代ギリシャの文章を研究した18世紀のイギリス人学者は、ギリシャ語の「イディオテス」を「愚か者《ア・フール》」と訳した。市場社会は人間をそのような節度のない愚か者にしてしまう。

金持ちと庶民のふたつの答え

もちろん（！）アボリジニは見事に自然と調和した暮らしを見出した。狩りや漁ばかりで一日を無駄にせず、自由な時間を使って儀式や物語や絵画や音楽を楽しんだ。個人も社会も自然との共生を目指し、イギリス人も羨《うらや》むような人間本来のいい暮らしを送っていた。

オーストラリアより人口は密集していたものの、ヨーロッパでも同じように人間は自然に生き延びる余裕を与えていた。だが市場社会が到来すると、すべてが商品になり、共有地は私物化され、交換価値が経験価値を上回り、公共の利益よりも個人の利益が優先されるようになった。

いま、もし人間と地球を救う望みが少しでもあるとすれば、市場社会では認められない経験価値をもう一度尊重できるような社会にするしかない。

ひとつのやり方は、利益追求に制限をかけることだ。たとえば1日に1時間以上は漁をしてはいけないなどと法律で決めるのがこれにあたる。そしてそのような方法はすでに行われ、一定の成功を収めている。エクアドルでは、交換価値とは関係なく、森林保護そのものを価値ある目的と定めて、エクアドルの憲法史上はじめて森林権を設定するよう憲法を修正した。

事業者の活動を制限したり、利益に税金をかけたりするのはたしかにいいことだが、もっと大きな問いがある。

どうしたら、すべての人が地球の資源に責任を持ち、それを社会に欠かせないものと考えられるようになるだろう？

土地と原料と機械を支配し、規制に反対しているほんのひと握りの権力者たちが、法律をつくり施行し監視する政府に決定的な影響を与えているいまの世の中で、どうしたらすべての人が資源に責任を持てるようになるのだろう？

答えは、問いかける相手によって変わる。

土地を持たない労働者に聞けば、こう答えるだろう。

「地球の資源を金持ちに独占させないためには、土地や原料や機械の所有権を奪えばいい。集団的な所有権によってしか集団的な責任は生まれない。地域か、組合か、国家を通して、資源を民主的に管理するしかない」

一方、土地や機械を大量に所有するひと握りの金持ちに同じことを聞くと、違う答えが返ってくるはずだ。

「地球を救うためには、何らかの手を打ったほうがいい。だが、政府が人々の利益を本当に代弁できると思うかい？　とんでもない！　政治家や官僚は自分たちの都合しか考えていない。大多数の人のことや地球のことなんて考えていない。組合の共同管理も幻想で、全員がテーブルを囲んで話し合っても、物事は進まない。民主的なやり方では重大な決定はできない。オスカー・ワイルドが言ったように、『社会主義の問題は、話が進まないこと』だよ」

君はこう聞きたくなるに違いない。「ならどうやって地球を救うの？」と。すると、おそらくこんな答えが返ってくるはずだ。「もっと市場を！」

地球を救うには、誰かが地球を買えばいい？
──市場社会の解決策

彼らは土地や機械や資源に対する自らの権利を守るために、こう言うのだ。

「市場社会が地球の資源をきちんと管理できないのは、これらの資源には経験価値はあっても交換価値がないからだ。だから、これらの資源にも交換価値を与えればいい。たとえば、あの美しい森が山火事で燃えているのを見ると、悲しくなる。こんなことが起きるのは森がみんなのもので、所有者がいないからだ。森から交換価値を得られる人がいないから、そこにあるべき価値が市場社会には見えないんだ。

川に棲むマスも同じだ。釣るまでは誰のものでもない。だから漁師は好きなだけ釣ろうとするし、そのためにマスは消え失せて漁師はばかを見ることになる。大気も同じだ。誰のものでもないから、誰もが汚してしまう。組合は資源をうまく管理できないし、政府は非効率で偏りがあり、権威をかさに着る。

だから私ならこうするね。おカネに換えられない貴重な資源を利益に変えられる人に預けるんだ。たとえば私ならそうした資源をきちんと管理できる」

もし川やマスが誰かの所有物になったら、所有者は全力でそれを守るだろう。釣り人から料金を徴収して漁獲を制限し、マスを守って漁師も助けることができるかもしれない。大気や森林にも同じことが言える。大気にも森林にも所有者がいれば、企業は排出権におカネを払い、家族は森へのピクニックにおカネを払うようになる。所有者は資源が適切に利用されるよう資源を守り、維持するようになる。

「それって封建制度とどう違うの？」

君はそう思うかもしれない。その昔、土地も、そこに住む動物も植物も人間も、封建領主の所有物だった。では、地球を救うには封建制度に逆戻りしなければならないのだろうか？

市場社会を擁護する人は「違う」と言うだろう。

「市場による解決策なら、天然資源が売買できる限り、資源を最も効率良く管理し、利益を生み出す人がその所有者になる。その人たちが最も高い値を支払って資源を手に入れることになる。気まぐれな封建領主が永遠に資源を所有するのとはまったく違う」

実際には、私有といっても、必ずしもひとりの個人やひとつの企業が所有する必要はない。川も森も大気も、市場で小分けにすれば数千人の異なる所有者が所有できる。

では、森や大気をどうやって小分けにするのか？　アップルやフォードといった巨大企業のように「株券」のようなものを発行し、所有株数に応じて資源から生まれる利益を分割すればいい。

経験価値より交換価値を優先する市場社会から環境破壊を守るために、かろうじてまだ残っている経験価値をひとつ残らず交換価値に変えるという考えは矛盾していると思うかもしれないが、こうした考え方がいまでは主流になりつつある。

すでにそれは起こっている
――排出権取引とその矛盾

じつは、自然の商品化は理論上の話ではない。まだ控えめな範囲ではあるが、それは政府や企業に支持され、すでに実践されている。大気汚染への対策として政府は次のような策を実施している。

企業に炭素の排出権を与え、その権利を取引できるようにしたのだ。この新しい市場で、自動車メーカーや電力会社や航空会社など、炭素を大量に排出する企業は、あまり排出しない企業から排出権を買っている。たとえば、太陽光発電を利用している企業は排出権を売ればいい。このシステムにはふたつの利点がある。

まず、割り当てよりも炭素の排出量が少ない会社は、さらに排出量を減らして余った権利を売って利益を得ることができる。次に、割り当てより多く排出するためのコストは、政治家の恣意《しい》ではなく市場の需給で決まる。なかなか賢いと思わないか？

だが、ここに矛盾がある。市場に問題解決をまかせる理由は、そもそも政府が信頼できないからだ。それなのに、政府に頼らなければ、このやり方はうまく行かない。

というのも、最初の割り当ては誰が決めるのか？　農民や漁師や工場や電車や自動車の排気量を誰が監視するのか？　割り当てを超えたら誰が罰則を科すのか？

もちろん政府だ。この種の人工的な市場をつくりだせるのは、国家だけだ。国家だけが、すべての企業を規制できる。

金持ちと権力者が環境の民営化を勧めるのは、政府が嫌いだからではない。政府にクビを突っ込まれるのがいやなのだ。所有権を脅かされたり、彼らが支配しているプロセスが民主化されると困るからだ。しかも、商品化の過程で地球を所有できることになるのなら、彼らにとっては最高じゃないか！

未来のすべてを決める対決
――「すべてを民主化しろ」vs「すべてを商品化しろ」

この本では君に経済について語ると言ったけれど、政治の話を抜きにして経済は語れないことに、もう君も気がついているだろう。

前章の終わりに、おカネから政治を切り離すことはできないと言った。マネーサプライの規制と管理を政治から切り離そうとすれば、経済が行き詰まり、危機が起きたときの回復が妨げられる。唯一の解決策は、金融政策の決定過程を民主化することだと私は言った。

さらにその前の章の終わりに、私がこう問いかけたのを覚えているだろうか？

すべての機械をひと握りの権力者が所有する社会で、機械の奴隷にならないためにはどうしたらいいだろう、と。その答えもまたこれと似ている。すべての人間がロボットを部分所有することで、テクノロジーを民主化すればいい。

さて、この章では同じ話をもう一歩進めたい。理性あるまともな社会は、通貨とテクノロジーの管理を民主化するだけでなく、地球の資源と生態系の管理も民主化しなければならないと私は思う。

私が口を酸っぱくして「民主化」と繰り返すのはなぜだろう？　チャーチルのジョークを少し言い換えると、民主主義はとんでもなくまずい統治形態だ。欠陥だらけで間違いやすく非効率で腐敗しやすい。だが、他のどの形態よりもましなのだ。

君は、正反対のふたつの主張が衝突する時代に生きることになる。一方では「すべてを民主化しろ」と言う人がいて、もう一方では反対に「すべてを商品化しろ」と言う人がいる。

権力者が好きなのは「すべての商品化」だ。世界の問題を解決するには、労働力と土地と機械と環境の商品化を加速し広めるしかない、と彼らは言う。

反対に、僕がこの本を通じて主張してきたのが「すべての民主化」だ。

どちらを取るかは君が決めていい。ふたつの主張の衝突が、私がいなくなったずっと後の未来を決めることになる。未来に参加したいなら、このことについて君自身が意見を持ち、どちらがいいかをきちんと主張しなくちゃならない。

市場の「投票」のメカニズム
——ひとりで何票も投票できる仕組み

私は中立を装ったりしない。だからこう言わせてほしい。「商品化」は失敗する。

喫茶店のサプライを管理したり、好みの異なる消費者にものを売るなら、たしかに市場は最適だ。

しかし、この本で私がずっと言おうとしてきたように、通貨と労働力とロボットの管理をまかせるとしたら、市場は最悪だ。環境に関して、市場主導の解決策は、市場の最悪の面と政府介入の欠点を組み合わせたようなものだ。

君はこんなふうに言うだろうか。

「わかった。『何でも市場』じゃなくて『何でも民主化』がいいわけね。だったら、地球を救いながら、ロボットを人間のために利用して、金融を滞りなく機能させるのに、民主化がどう役に立つの?」

素晴らしい質問だ! この質問にきちんと答えるにはもう一冊本を書かなくちゃいけないが、君がいつか続編を書けるよう、ヒントをあげよう。

われわれは、投票できる。市場でも、民主主義でも。選挙では、より多くの票を得た政党または政策が、より大きな政治力を持つことになる。

市場でも同じことが起きている。君が好みのアイスクリームを買うと、その製品がいいということをメーカーに知らせたことになる。つまり、その特定のアイスクリームに投票するのと同じことだ。誰もそのアイスを買わなければ、メーカーは製造を中止するだろう。たくさんの子どもがそのアイスを買ってくれたら、メーカーはもっと生産するはずだ。

しかし、この2種類の投票には大きな違いがひとつある。民主主義では、ひとりに1票の投票権がある。これがギリシャ語の「イセゴリア」、すなわち法の下の平等という概念の前提になっている。

しかし、市場では富の多寡《たか》によって、持つ票の数が決まる。お金持ちであればあるほど、その意見が市場で重みを持つ。会社の株も同じだ。もし君が51パーセントを所有する株主なら、何千もの人たちが49パーセントの株を所有していても、君が絶対的な支配権を持つことができる。

さらに君はこう聞くかもしれない。

「みんなが同じ地球に住んでいるのに、なぜお金持ちはこの地球号にとっていちばんいいことをしないの？　全員が同じ船に乗っているのに？」

では、考えてみてほしい。人間はいま、温室効果ガスの排出を大幅に減らすか、極地の氷河を解けるにまかせておくか、どちらかの選択を迫られている。氷河が解け出せば、海面が上昇し、バングラデシュやモルジブといった海抜の低い場所に住む数百万という市民の家や畑が失われる。

ではここで、大気を民営化して、お金持ちに対策をゆだねたとしよう。お金持ちは海抜が上がっても影響を受けないが、排気量を減らすと利益が減り、もしかすると会社が潰れてしまうかもしれない。家や畑が海面下に沈んでしまう人たちには何の発言権もないのに、支配権を持つそんなお金持ちたちに判断をまかせてもいいものだろうか？

民主主義と違って、株主による投票では地球が守れない理由が、君にもわかっただろうか？

民主主義は不完全で腐敗しやすいが、それでも、人類全体が愚かなウイルスのように行動しないための、ただひとつの方策であることには変わりない。エージェント・スミスが間違っていることを証明できるのは、民主主義だけだ。

エピローグ

進む方向を見つける「思考実験」

私はこの本のはじめから終わりまでずっと、経済についてくどくどと話してきた。「パパってわたしのことを何にも知らないおばかだって思ってるんじゃない?」君はそう感じているかもしれない。でも違うんだ。

私にはおせっかいなところもあるが、それ以上に世の中を心配し不安を感じている。ほとんどの人は社会を批判的に見る余裕なんてない。ただいつもの生活を送り、友だちと話し、市場社会が与えてくれるものを楽しんでいる。この本はせいぜい、日常生活の気晴らしになるくらいかもしれないし、もしかすると楽しい生活の邪魔になってしまうかもしれない。

ここで「市場社会は純粋な喜びを生み出さないし、じつのところそれは喜びのない場所だ」なんて言い張ってもいいのかもしれない。でもやめておこう。その代わりに、もう少しだけ私に付き合って、一緒に思考実験をやってみてほしい。

思考実験
——君は理想の世界に行きたいか？

われらが友であり天才科学者のコスタスが、とんでもないコンピュータを設計し、つくりあげたとしよう。名前はＨＡＬＰＥＶＡＭ。発見的アルゴリズムによる喜びと経験価値最大化装置（ヒューリスティック・アルゴリズミック・プレジャー・アンド・エクスペリエンシャル・バリュー・マキシマイザー）の略称だ。

ＨＡＬＰＥＶＡＭは『マトリックス』に出てくる、人類を奴隷化して仮想現実に閉じ込めるような、人間嫌いの恐ろしい機械とは正反対だ。ＨＡＬＰＥＶＡＭは人間にとって信頼できる召使いであり、究極の喜びを与えてくれる機械だ。

ＨＡＬＰＥＶＡＭは君の脳波を読み取り、君が何を好きか、嫌いか、何に悲しむかを100パーセント正確に理解する。そして、君の基準で最高だと思う人生を仮想現実にしてくれる。その中に生きる君には、それが仮想現実であることはわからない。君は欲望も野心も感情も行いも変える必要はない。仮想現実が君の欲望に合わせてくれる。

ではここで、今度の5月の君の誕生日にコスタスがかっこいいペンをプレゼントしてくれたとしよう。このペンで壁に四角か丸を描けば、ハリー・ポッターが9と4分の3番線から列車に飛び乗ったように、君は壁の向こう側に飛び移ることができる。向こう側には何があるだろう?

壁の向こうには、ＨＡＬＰＥＶＡＭが君のためだけにつくりだした仮想現実がある。そこで無限の喜びが君を待っている。普通の生活にあるような雑用も、痛みも、悲しみもない。父親から退屈な話を聞かされることもない。君が至福の喜びに浸《ひた》っているあいだ、医療ロボットたちが最先端の施設で君の体をいたわり、いつも万全の状態に保ってくれる。

君なら壁の向こうに飛び移るだろうか?

「もちろん」という君の声が聞こえる。

だが「ちょっと待って」とコスタスが警告する。一度壁の向こうに行ってしまうと、二度と戻ってこられないのだ。君は残りの人生をずっとHALPEVAMの完璧な夢の中で過ごすことになる。

ではここで質問だ。君は永遠に壁の向こうで過ごしたいだろうか？

満足なブタより不満なソクラテス
——欲を満たすだけでは幸せを得られない

もし君が壁の向こうに行かないと決めたとしたら、自分の欲望を叶えることだけが大切だという考え方を拒絶したことになる。どうしてそう思うのかをきちんと説明するのは難しいかもしれない。いまいる現実にも、もしかしたら私にも、さよならを言いにくいのかもしれない。楽しいだけの人生は、現実のすべてをないものにしてしまってもかまわないと思えるほど魅力的ではないのかもしれない。

でも、君が自分でも気づかないうちに仮想現実の世界に飛び移れるようHALPEVAMがプログラムされていたらどうだろう？　HALPEVAMを所有する会社が地上の人間すべてを仮想現実に送り込んだら？　誰も違いに気づかず、より幸福で、満足で、充実して、喜びに満ちた人生を送れるとしたらどうだろう？　しかもそのあいだ、ほかの何十億人と一緒に、身体はロボットによって健康に保たれる。

君にはそれが天国に見えるだろうか？　それとも、ネオと仲間たちが逃れようとしたマトリックスの世界と変わらない地獄に思えるだろうか？

もし君が私と同じように、「そんな世界なんて想像するだけで寒気がする」というのなら、「欲望を満足させるのはすごく大事だけど、それがすべてではない」と考えているということだ。


ここで少し立ち止まって、ＨＡＬＰＥＶＡＭのつくりあげる世界のどこが間違っているのかを考えてみよう。

欲望を満足させることと、本物の幸せはどこが違うのだろう？

誰でも自分の欲が満たされればもちろん、幸せになる。少なくとも、しばらくのあいだはそうだ。それはいいことだ。だが、イギリス人哲学者で政治経済学者でもあるジョン・ステュワート・ミルが１８６３年に言ったように、「満足したブタより不満な人間のほうがいい。満足なばかより不満なソクラテスのほうがいい。もしブタなりばかなりがそう思わないとしたら、それは彼らには自分のことしか見えていないからだ」。

言い換えると、無知は幸せということだ。そしてＨＡＬＰＥＶＡＭの与えてくれる幸せは、無知でなければ味わえない。しかし本物の幸せには、無知と反対の何かが必要になる。

HALPEVAMの欠陥
――ユートピアをつくるシステムがディストピアを生む

幸せ探しは、金鉱を掘り当てるのとは違う。金は、われわれが何者かということとは関係なく存在する。われわれが金を掘る過程で何者になるのかも関係ない。輝く物質が本物の金かどうかは、実験で証明できる。でも何が本当の幸せかは証明できない。

HALPEVAMが与えられるのは、われわれがいまの時点で望んでいるものだけだ。しかし、本物の幸福を味わえる可能性のある人生とは、何者かになるプロセスだ。ギリシャ人はそれをエウダイモニアと呼ぶ。「花開く」という意味だ。エウダイモニアの過程で、人の性格と思考と好みと欲望はつねに進化していく。

私は十代の後半から二十代の前半にかけての自分の写真を見て、当時執着していたことや、好きだったものや考えていたことを思い出すと、恥ずかしくて穴があったら入りたくなる。当時の好みや欲をずっとかなえ続けてくれる世界に、自分は住みたいだろうか？

とんでもない。

人の人格や欲しいものはどうして変わるのだろう？　簡単に言うと衝突があるからだ。自分の望みを一度に全部は叶えてくれない世界と衝突することで人格ができ、自分の中で葛藤を重ねることで「あれが欲しい。でもあれを欲しがるのは正しいことなのか？」と考える力が生まれる。われわれは制約を嫌うけれど、制約は自分の動機を自問させてくれ、それによってわれわれを解放してくれる。

つまるところ、満足と不満の両方がなければ、本物の幸福を得ることはできない。満足によって奴隷になるよりも、われわれには不満になる自由が必要なのだ。

世界と衝突し、葛藤を経験することで、人は成長する。ＨＡＬＰＥＶＡＭは人間に奉仕するために開発されたとしても、結局は人間をディストピアの中に閉じ込め、人の嗜好を固定してしまい、その中の人間は成長も発展も変身もできない。

経済について書いたこの本の中で、この話にどんな意味があるのだろう?

ＨＡＬＰＥＶＡＭの目的はつまり、市場社会が成し遂げようとしていることなのだ。それは、欲を満たすことだ。

だが世の中には不幸が充満しているところを見ると、市場社会はうまく機能していないようだ。何が言いたいかというと、いまの経済は、人間の欲する目標を手に入れるのに適していないどころか、そもそも手の届かない目標を設定したシステムなのだ。

自由とショッピングモール
——いったい何を求めればいいのか？

アメリカ人作家のヘンリー・デイヴィッド・ソローは、「幸福になるには、それを求めないことだ」と言った。幸福は美しい蝶のようなものだ。「追えば追うほど逃げていく。しかし別のことに気を取られていると、そっと肩に止まっている」

では、死ぬほど幸福を手に入れたいのに幸福を追い求めてはいけないとすると、何を求めればいいのだろう？

君には君の答えを見つけてほしいが、君が考えているあいだに、私の個人的な考えを少しここで語ろう。

私が絶対に嫌だし恐ろしいのは、気づかないうちに誰かにあやつられ、意のままに動かされてしまうことだ。たいていの人は私と同じように感じているはずだ。『マトリックス』や『Vフォー・ヴェンデッタ』のような映画がヒットするのはそのためだ。

どちらの映画も、われわれが必要とする自己決定や自立や自由意思の問題を訴えている。奴隷の中でも洗脳されて幸せを感じているのは、最悪の愚か者だ。彼らは足かせをありがたがり、服従の喜びを主人に感謝する。

市場社会は見事な機械や莫大な富をつくりだすと同時に、信じられないほどの貧困と山ほどの借金を生み出す。それだけではない。市場社会は人間の欲望を永遠に生み出し続ける。

その最たる例がショッピングモールだ。その構造、内装、音楽など、すべてが人の心を麻痺《まひ》させて、最適なスピードで店を回らせ、自発性と創造性を腐らせ、われわれの中に欲望を芽生えさせ、必要のないものや買うつもりのなかったものを買わせてしまう。そう考えると、どうしても嫌悪を感じざるを得ない。

ほかにも、人を洗脳するものはある。たとえばマスコミだ。マスコミは、大勢の人の利益や地球の利益を犠牲にするような政治判断に大衆の合意を取りつける手段になってしまっている。

そしてもうひとつ、政治信条を人々に刷り込む強力な方法がある。それが経済学だ。

イデオロギー
――信じさせる者が支配する

「支配者たちはどうやって、自分たちのいいように余剰を手に入れながら、庶民に反乱を起こさせずに、権力を維持していたのだろう?」

私はこの本の第1章でそう聞いた。私の答えは「支配者だけが国を支配する権利を持っていると、庶民に固く信じさせればいい」だった。

古代メソポタミアでも、いまの時代でも同じことが言える。すべての支配者にはその支配を正当化するようなイデオロギーが必要になる。ひとつの筋書きをつくって基本的な倫理観を刷り込み、それに反対する人は罰せられると思わせるのだ。

宗教は数世紀にわたってそんな筋書きを語り、まことしやかな迷信で支配者の力を支え、少数支配を正当化してきた。そして支配者による暴力や略奪を、神が与える自然の秩序として許してきた。

市場社会が生まれると、宗教は一歩後ろに下がることになった。産業革命を可能にした科学の出現により、神の秩序を信じることはあくまでも信仰であって、それ以上のものではないことが明らかになった。

支配者には、自分たちの正当性を裏付けてくれる新しい筋書きが必要になった。そこで彼らは、物理学者やエンジニアを真似て数学的な方法を使い、理論や公式を駆使して、市場社会が究極の自然秩序だという筋書きをつくりだした。世界一有名な経済学者のアダム・スミスはそれを「神の見えざる手」と呼んだ。このイデオロギー、つまり新しい現代の宗教こそ経済学だ。

19世紀以来、経済学者は本を書き、新聞に論説を投稿し、いまではテレビやラジオやネットに出演し、市場社会のしもべのようにその福音を説いている。一般の人が経済学者の話を聞くと、こう思うに違いない。

「経済学は複雑で退屈すぎる。専門家にまかせておいたほうがいい」

だがじつのところ、本物の専門家など存在しないし、経済のような大切なことを経済学者にまかせておいてはいけないのだ。

この本で見てきたように、経済についての決定は、世の中の些細《ささい》なことから重大なことまで、すべてに影響する。経済を学者にまかせるのは、中世の人が自分の命運を神学者や教会や異端審問官にまかせていたのと同じだ。つまり、最悪のやり方なのだ。

占い師のロジック
――私が経済学者になった理由

私がなぜ経済学者になったか、君に話したことがあっただろうか？

経済を学者にまかせておけないと思ったからだ。経済理論や数学を学べば学ぶほど、一流大学の専門家やテレビの経済評論家や銀行家や財務官僚がまったく見当はずれだってことがわかってきた。

一流の学者は見事な経済モデルをつくっていたが、そうしたモデルはこの本に書いたような現実の労働者やおカネや借金を勘定に入れていない。だから市場社会では役に立たない。

二流の経済評論家たちは、自分が崇《あが》める一流の経済学者のモデルを理解していないばかりか、自分の無知を気にとめてもいないようだった。

そんな「専門家」の話を聞くにつけ、彼らが大昔の占い師のように思えてきた。

1920年代、イギリス人の人類学者、E・E・エヴァンズ゠プリチャードは、アフリカのアザンデ族の調査を行った。アザンデ族と生活を共にした彼は、人々が占い師に絶大な信頼を置いていることを発見した。

古代ギリシャ人がデルポイの神託に頼っていたように、アザンデ族は占い師の予言に頼っていた。しかし、予言がまったくの的外れであることも多かったので、どうして占い師が部族の中で絶大な力を持ち続けているのか、エヴァンズ＝プリチャードは不思議に思った。そして彼は、占い師への信頼が揺らがない理由について、次のような結論に至った。

「アザンデ族の人たちも予言が外れる理由を知りたがったが、あまりに迷信に囚われすぎていたので、予言が外れる理由も迷信で考えていた。迷信と現実が食い違っても、別の迷信を使って食い違いを説明していた」

いまの経済評論家も同じようなものだ。経済予測が間違うといつも、そもそも最初から間違っているその迷信のような考え方によって間違いを説明する。そして、たまに新しい考え方が出てきて、最初の間違いが説明される。

たとえば「自然失業率」という考え方は、市場社会が完全雇用を実現できない理由をうまく説明するためにつくられた概念だ。そして、専門家がそれをきちんと説明できない理由をうまく説明するためにつくられた概念でもある。

もっと一般的に言うと、失業と不況は競争不足が原因だとされてきた。そこで「規制緩和」によって競争を促進することが解決策だとされている。銀行家や支配層を政府のしがらみから解放するのが規制緩和だ。この規制緩和がうまくいかない場合には、民営化によって競争が促進されるという。民営化でもうまくいかない場合には、労働市場が問題だとされる。組合の干渉や福祉という足かせを取り除けばいいとされる。そんな説明が終わりなく続いていく。

現代の専門家は、アザンデ族の占い師とどこが違うというのだろう？

経済学は「公式のある神学」

君のパパは何もわかっちゃいないと言う人は多いだろう。そんな人は「経済学は科学だ」と言う。物理学が数理モデルを使って自然を解き明かすように、経済学も数理モデルを使って経済の仕組みを解き明かすものだ、と。

だが、そんなのはデタラメだ。

たしかに経済学者はすっきりとした数理モデルやたくさんの統計ツールやデータを使う。しかし、だからといって彼らが本物の科学者だということにはならない。少なくとも、物理学者と同じ意味での科学者ではない。

物理学では、予測が正しかったかどうかを自然界が公平に判断してくれる。経済学はそうした公平な判断の対象にならない。科学実験とは違って、実験室で経済状況を完全にコントロールして正当性を証明することはできないからだ。

たとえば、もし1929年に政府が緊縮財政を敷く代わりに、おカネを印刷して貧しい人たちに配っていたらどうなっていたかは証明できないし、破綻したギリシャが2010年に、最も厳しい緊縮財政を条件として史上最大額の債務を負うことを拒否していたら世界の歴史がどう変わっていたかも証明はできない。

経済学者が数学を使うから科学者だと言い張るのは、星占い師がコンピュータや複雑な表を使うから天文学者と同じくらい科学的だと言うのと変わらない。

私が次のようなことを言うと、仲間の経済学者はもちろん腹を立てる。

「経済学者も星占い師みたいに科学者のふりをし続けてもいいのかもしれない。だが、経済学者はどちらかというと科学者ではなく、どれほど賢く理性的であっても人生の意味を確実に知ることはできない哲学者のようなものだと認めたほうがいいのでは？」

しかし、経済学者がせいぜい世慣れた哲学者のようなものだと白状してしまったら、もはや市場社会を支配する人たちは経済学者を歓迎してはくれなくなるだろう。彼らの正当性は、経済学者が科学者のふりをすることで担保されているのだから。

「外の世界」からの視点を持ち続ける

さて、コスタスのＨＡＬＰＥＶＡＭが与えてくれる夢の世界を拒否した君は、これからどうする？　ショッピングモールの安っぽい刺激で満足するだろうか？　現状に対して反乱を起こすだろうか？　それとも、この不完全な世界で自分だけの情熱を見つけるだろうか？　君は自分で道を探すしかない。

どの道を選んでも、このことは覚えていてほしい。

アルキメデスは、離れて見ると、何事も不可能ではないと言った。「十分に長いテコと足場を我に与えよ。されば地球をも動かさん」

人を支配するには、物語や迷信に人間を閉じ込めて、その外を見させないようにすればいい。だが一歩か二歩下がって、外側からその世界を見てみると、どれほどそこが不完全でばかばかしいかがわかる。

遠くから俯瞰《ふかん》してみる視点を持っている限り、君は現実と関わりを持ち続けられる。一方、すっかり内側に入ってしまうと、アルキメデスの視点でものを見られなくなってしまう。君がＨＡＬＰＥＶＡＭの世界を拒否したのもこの理由からだ（と私は思う）。

市場社会は、HALPEVAMほど完璧ではないにしろ、われわれ人間に幻想を吹き込む。人間はその幻想に押されて行動し、創造性や人との絆や人間性や地球の未来を犠牲にしてしまう。

市場社会の求めに応じて行動するか、あるいは頑《かたく》なにあるべき社会の姿を求めて行動するか、つまり、アルキメデスのように社会の規範や決まりごとから一歩外に出て世界を見ることができるかどうかが、決定的な違いになる。

君が生まれたとき、クセニアという名前をぜひつけようと思った。このギリシャ語の語源は「クセノス」で、他人とか異邦人という意味だ。「他人への優しさ」とも訳される。

この名前が気に入ったのは、国家や社会は、よそ者の目で見るほうがその本当の姿がよくわかると私が思ってきたからだ。アルキメデスのようにこの世界を動かそうなんて思っていなくても、世界のありのままの姿をはっきりと見るために、精神的にはるか遠くの場所まで旅をしてほしい。それによって、君は自由を得る機会を手にできる。

大人になって社会に出ても精神を解放し続けるには、自立した考えを持つことが欠かせない。経済の仕組みを知ることと、次の難しい問いに答える能力が、精神の自由の源泉になる。

その問いとは、「自分の身の回りで、そしてはるか遠い世界で、誰が誰に何をしているのか？」というものだ。
このあたりでやめにしておこう。長々と付き合わせてしまったね。私たちはぐるりとひとまわりして、また、「この世の中には有り余るほどおカネを持った人がいる一方で、何も持たない人がいるのはなぜだろう？」という最初の疑問に戻ってきてしまった。君は時間のムダだったと言うかもしれない。それに答えるかわりに、私はお気に入りの詩を贈りたい。

私たちは探検をやめることはない
そしてすべての探検の終わりに
出発した場所にたどりつく
そのときはじめてその場所を知る

訳者あとがき

本書は、ギリシャで財務大臣を務めたヤニス・バルファキスが、十代半ばの娘に向けて、「経済についてきちんと話すことができるように」という想いから、できるだけ専門用語を使わず、地に足のついた、血の通った言葉で経済について語ったものです。

本書を原書で読み、「圧倒された」というブレイディみかこさんは、「優しく、易しく、そして面白く資本主義について語った愛と叡智の書」と評しています（「みすず」2018年1・2月合併号）。

その語りは、娘からの「なぜ格差が存在するのか」という問いに、著者なりの答えを出していくかたちで進んでいきます。その過程で、経済がどのように生まれたかにさかのぼり、金融の役割や資本主義の歴史と功罪について、小説やSF映画などの例を挙げながら平易な言葉で説いていきます。

原書の評判は経済を論じた本らしくなく、「一気読みしてしまった」「読むのを止められない」といった声が多数あがっていますが、実際、本書はまるで小説のように章を追うごとに話が深まっていき、ついついページをめくり続けてしまうみごとな構成になっています。

バルファキスは本書で、「誰もが経済についてしっかりと意見を言えること」が「真の民主主義の前提」であり、「専門家に経済をゆだねることは、自分にとって大切な判断をすべて他人にまかせてしまうこと」だと言っています。

大切な判断を他人まかせにしないためには、経済とは何か、資本主義がどのように生まれ、どんな歴史を経ていまの経済の枠組みが存在するようになったのかを、自分の頭で理解する必要があるのです。

イギリスのシンクタンク「エコノミスト・インテリジェンス・ユニット」によると、日本の民主主義指数は先進国では下位の22位（２０１８年度）に留まっており、「欠陥のある民主主義」のカテゴリに入っています。

また、労働者の自己決定権がどこまで保障されているかについて調査した経済民主主義指数においても、ＯＥＣＤ加盟国32か国中29位（２０１７年度）と極めて低い位置にランクしています。日本はＧＤＰに占める教育支出が小さく、就労しているひとり親家庭の貧困率が先進国の中で突出して高く、日本に住む子どもの７人に１人は貧困（２０１５年時点）

と、先進国で最悪の水準です。

だからこそ、日本で多くの人がもっと経済について自分の言葉で語れるようになるといいし、本書が経済と資本主義について考えるきっかけになることを願っています。


著者の背景について触れておくと、バルファキスはイギリス、オーストラリア、アメリカなどで経済学の教授を務めてきましたが、ギリシャの経済危機の最中、2015年に財務大臣に就任しました。

そしてEU当局が主張する財政緊縮策に敢然と「ノー」を示し、大幅な債務帳消しを求め、国民投票でも緊縮策の受け入れ反対を勝ち取りました（その考え方については、本書でも「枝を燃やして山火事を防ぐ」〈108ページ〉というたとえで説明されています）。その強硬な姿勢のため、やがて、より融和的な大臣が後任に指名されましたが、その大胆な主張は世界的に大きな注目を浴びました。

さらにバルファキスは、学者または政治家らしからぬその風貌も話題になりました。革ジャンにスキンヘッドでバイクを乗り回し、マスコミには揶揄《やゆ》まじりに「政界のブルース・ウィリス」と書かれたこともあります。

そんな著者が書いた本書は、現代の経済の本質を鋭く突いた内容が大きな話題を呼び、ヨーロッパを皮切りに各国でみるみるうちにベストセラーとなり、いまや世界25か国で出版が決定しています。

最後に、本書のバルファキスのこの言葉を、私も若い人たちに贈りたいと思います。
「君には、いまの怒りをそのまま持ち続けてほしい。でも賢く、戦略的に怒り続けてほしい。そして、機が熟したらそのときに、必要な行動をとってほしい。この世界を本当に公正で理にかなった、あるべき姿にするために」

この本を翻訳する機会を与えてくださり、最後まで細かいアドバイスを下さったダイヤモンド社の三浦岳氏に感謝します。

2019年2月

関 美和

［著者］

ヤニス・バルファキス（Yanis Varoufakis）

1961年アテネ生まれ。2015年、ギリシャの経済危機時に財務大臣を務め、EUから財政緊縮策を迫られるなか大幅な債務帳消しを主張し、世界的な話題となった。長年イギリス、オーストラリア、アメリカで経済学を教え、現在はアテネ大学で経済学教授を務めている。著書には本書の他に、EU経済の問題を指摘した『わたしたちを救う経済学』（Pヴァイン）や「史上最良の政治的回想録の１つ」（ガーディアン紙）と評された『黒い匣 密室の権力者たちが狂わせる世界の運命』（明石書店）など、数々の世界的ベストセラーを持つ。2016年にはDiEM25（「欧州に民主主義を」運動2025）を共同で設立し、その理念を世界中に訴えている。

［訳者］

関 美和（せき・みわ）

翻訳家。杏林大学准教授。慶應義塾大学卒業後、電通、スミス・バーニー勤務を経て、ハーバード・ビジネス・スクールでMBA取得。モルガン・スタンレー投資銀行を経て、クレイ・フィンレイ投資顧問東京支店長を務める。主な訳書に『誰が音楽をタダにした?』（ハヤカワ文庫NF）、『MAKERS 21世紀の産業革命が始まる』『ゼロ・トゥ・ワン 君はゼロから何を生み出せるか』（NHK出版）、『FACTFULNESS 10の思い込みを乗り越え、データを基に世界を正しく見る習慣』（共訳、日経BP社）、『明日を生きるための教養が身につく ハーバードのファイナンスの授業』（ダイヤモンド社）など。

父が娘に語る
美しく、深く、壮大で、
とんでもなくわかりやすい
経済の話。

2019年３月６日　第１刷発行
2022年８月８日　第15刷発行

著　者——ヤニス・バルファキス
訳　者——関 美和
発行所——ダイヤモンド社
〒150-8409　東京都渋谷区神宮前6-12-17
https://www.diamond.co.jp/
電話／03·5778·7233（編集）　03·5778·7240（販売）

装丁————小口翔平（tobufune）
本文デザイン—matt's work（松好那名）
本文DTP——キャップス
校正————円水社
製作進行——ダイヤモンド・グラフィック社
印刷————信毎書籍印刷（本文）・加藤文明社（カバー）
製本————ブックアート
編集担当——三浦 岳

ISBN 978-4-478-10551-1

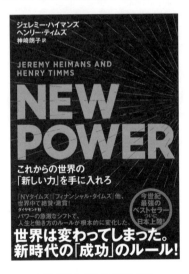